Lothar Simmank

Glücksorte in der Rhön

Fahr hin & werd glücklich

Dieses

Glücksbuch

ist für

Liebe Glücksuchende,

morgens eine Tasse Kaffee in Hessen, mittags ein Bier in Thüringen und abends ein Glas Wein in Bayern. In der Rhön sind die Wege kurz und die Genüsse liegen dicht beieinander. Grenzüberschreitend ist man in der Landschaft im Dreiländereck unterwegs – meist, ohne dass man es merkt. So will die Rhön auch wahrgenommen werden, als einzigartiger Lebens- und Erlebnisraum in der Mitte Deutschlands, der viele Facetten zu bieten hat: intakte Natur, kulinarische Überraschungen, grandiose Fernsicht und Menschen, die ihre Heimat lieben. Für Ausflügler beinhaltet dies viele Möglichkeiten, egal ob Skifahren auf dem Kreuzberg, Kuren in Bad Kissingen, Gleitschirmfliegen auf der Wasserkuppe, Shoppen in Fulda oder Wandern im Schwarzen Moor, um nur ein paar Highlights zu nennen. Alles ist möglich. Und eines ist sicher: Die Mittelgebirgsregion, einst durch die innerdeutsche Grenze geteilt und nun im Zentrum der Republik, ist alles andere als langweilig. Begleiten Sie mich auf der Suche nach Glücksorten. Und glauben Sie mir: Die Rhön ist schön.

Ihr Lothar Simmank

Deine Glücksorte ...

... noch mehr Glück für dich

Offene Fernen

1

Auf der Panoramabank an der Hochrhönstraße

Wer mit dem Auto über die Hochrhönstraße von Bischofsheim im Süden nach Fladungen im Norden fährt, kommt durch die Lange Rhön. Zu Beginn des Zweiten Weltkriegs begann der Reichsarbeitsdienst mit dem Bau der spektakulären heutigen Staatsstraße 2288. Im Winter ist hier nicht selten alles zu. In schneefreien Zeiten aber möchte man nicht nur durch die Windschutzscheibe gucken, sondern auf dieser Hochebene gern mal anhalten und die fantastische Fernsicht genießen. Das geht nicht überall, denn Schilder warnen: Parken ist im Naturschutzgebiet nicht erlaubt.

Nur der Bus darf unbehelligt am Straßenrand stoppen, etwa am Abzweig Rother Kuppe-Hausen. Unbedingt dort aussteigen! Denn von hier aus geht es zu Fuß über einen Wiesenpfad zur Panoramabank. Und die ist jeden Anstieg wert. Wer bisher mit dem Rhönattribut „Land der offenen Fernen" nichts anfangen konnte, dem werden bei der Rast auf der Bank unter den Birken die Augen geöffnet. Der Blick erfährt eine Horizonterweiterung: Hinter grünen baumlosen Weiden und Streuobstwiesen, die sich bis weit ins Tal Richtung Oberelsbach erstrecken, bauen sich in wechselnden Farbschattierungen sanfte Kuppen, bewaldete Hügelketten und ferne Berggipfel auf. Darüber blauer Himmel mit weißen Schäfchenwolken.

TIPP
Vom Wanderparkplatz an der Thüringer Hütte ist die Bank in gut 30 Minuten zu Fuß erreichbar.

Was genau sieht man? Orientierung bietet die Panoramatafel, die zeigt, was jenseits der Hochrhönstraße liegt. Aus dem Thüringer Wald erhebt sich 49 Kilometer weiter östlich der Große Inselsberg. Im grauen Dunst des Fichtelgebirges ist der 136 Kilometer entfernte Schneeberg zu erahnen. Zum Greifen nah: die Rother Kuppe mit dem Komplex des Rhön Park Hotels. Weiter rechts: die fränkischen Haßberge. Zum Steigerwald gehört der Gipfel des fast 500 Meter hohen Großen Knetzbergs. Das bayerische Staatsbad Bad Kissingen ist in 32-Kilometer-Distanz in einer Talsenke zu erkennen.

Genug gesehen. Die kleine Sitzgruppe mit Tisch lädt zum Picknick ein. Dahinter die bequeme Liegebank fürs Träumen im „Land der offenen Fernen". Ein Glücksort.

- Panoramabank an der Hochrhönstraße, 97647 Hausen
- ÖPNV: Bus 810, Haltestelle Abzweig Rother Kuppe – Hausen

Petri Heil

2 Der Rothsee mit der Fischerhütte

Der Rothsee und die Fischerhütte gehören zusammen. Im Paket ergeben sie ein wunderschönes Ausflugsziel in der Langen Rhön. Der idyllische Waldsee oberhalb von Bischofsheim, den Spaziergänger in 10 Minuten umrunden, entstand 1928 aus versumpften Streuwiesen. Mit einem Damm versehen wurde er zum Aufzuchtteich für Forellen. Ab 1969 kümmerte sich der Angelsportverein Bischofsheim um das verwilderte Grundstück. Und irgendwann kam die Fischerhütte mit einem zunächst bescheidenen gastronomischen Angebot dazu und machte den Rothsee auch für nicht angelnde Menschen zum Glücksort.

Auf der Terrasse vor der Holzhütte sitzen, aufs Wasser, ins Grüne und in den blauen Himmel schauen, macht noch mehr Spaß, wenn man sich ein kühles Getränk holt, die inzwischen recht umfängliche Speisekarte durchstöbert und drinnen etwas Preiswertes zu essen ordert, was der freundliche Wirt seinen Gästen dann an den Tisch trägt. Wie wäre es zum Beispiel mit einer geräucherten Rhönforelle, handwarm, mit Sahnemeerrettich und Brot serviert? Köstlich! Oder mit den knusprigen Reibekuchen mit Räucherlachs, Honigsenf und Dillsauce? Fantastisch! Auch die halbe Fleischwurst im XXL-Format mit hausgemachtem Kartoffelsalat ist sehr beliebt. Dazu ein Bier – und die Welt ist in Ordnung.

TIPP

Tagesangelscheine werden in der Fischerhütte für 12 Euro verkauft.

Die nüchternen Daten des Rothsees: 0,8 Hektar Fläche, bis zu 4 Meter tief, Höhenlage: 642 Meter. Die Runde um den See ist, wie gesagt, schnell bewältigt, lohnt sich aber, weil die Sicht vom gegenüberliegenden Ufer auf die Fischerhütte die Schönheit des Ortes noch einmal verstärkt. Vom großen Parkplatz am Bauersberg aus kann man dann zu Wander- und Mountainbiketouren durch die Lange Rhön starten und die Gegend zwischen Heidelstein (925 Meter) im Südwesten bis zum Ellenbogen (813 Meter) im Nordosten erkunden. Die Alternative: Man geht nicht auf den Berg, sondern in ihn hinein. Und zwar durch einen Schaustollen in Seenähe: Auf 60 unterirdischen Metern wird hier gezeigt, wie in alten Zeiten in der Rhön Braunkohle abgebaut wurde.

- Fischerhütte am Rothsee, Bauersbergstraße 134, 97653 Bischofsheim, Tel. (0 97 72) 16 77, www.fischerhuette-rothsee.de
- ÖPNV: Hochrhönbus 815, Haltestelle Rothsee

Mit allen Sinnen

3 Kontemplative Gärten auf dem Volkersberg

„Bei uns kommt zusammen, was zusammengehört: Kirche und Küche, Klosterschänke und Wallfahrt, Leib und Seele.“ So formuliert man auf dem Volkersberg bei Bad Brückenau die eigene Tradition. Und die reicht weit zurück: Im Jahr 1160 wurde der Berg als Besitz der Fuldaer Benediktiner erstmals erwähnt. Rund 200 Jahre später gab es eine Kapelle, und bis 1499 lebten Einsiedler hier, die sich um den Wallfahrtsort kümmerten. Kloster, Säkularisierung, Verkauf, Landvolkshochschule – heute beherbergt das Haus ein Jugendbildungszentrum des Bistums Würzburg und ist damit immer noch ein spirituelles Zentrum der Rhön.

Zur Freude aller Glücksucher blieb die bereits erwähnte Klosterschänke erhalten und wagte vor ein paar Jahren einen Neustart. Unter dem Motto „franziskanisch, einfach gut!“ kann man sich auf der Terrasse – in exponierter Lage und in dezenter Hörweite zur Autobahn A7 – eine fränkische Brotzeit schmecken lassen und dazu ein Kreuzberger Klosterbier vom Fass trinken.

TIPP

Laut Legende sorgte ein weißer Hirsch für den Bau der Wallfahrtskirche – sein Denkmal steht vorm Eingang.

Nach dem Besuch der Schänke sollte man unbedingt zu einer kleinen Entdeckungstour über das gepflegte Gelände rund um die Wallfahrtskirche „Zum heiligen Kreuz“ aufbrechen. Besonders lohnend: der Sinnesgarten und der Lebensgarten. Die beiden Gärten der Anlage lassen die Natur zur Geltung kommen, verfolgen aber unterschiedliche Absichten. Während es im Sinnesgarten zwischen Klang- und Tastwand, Labyrinth, Riechsäule und Fußfühlpfad ums Sehen, Hören, Riechen, Schmecken und Fühlen geht, sollen die Besucher des Lebensgartens zwischen Beeten und Stauden einen prüfenden Blick auf ihr inneres Leben werfen. An was glauben wir? Wie gehen wir mit neuen Impulsen, mit Enttäuschungen, mit Rückschlägen um? Beim Nachdenken helfen Zitate von Dichtern, Denkern, Theologen. Wie dem auch sei: Ruhe und Beschaulichkeit können Besucher in beiden Gärten intensiv erleben. Und auch die Klosterschänke bietet Gelegenheit dazu, wenn man es mit dem Kreuzberger Bier nicht übertreibt.

- Haus Volkersberg, Volkersberg 1, 97769 Bad Brückenau/Volkers, Tel. (0 97 41) 91 32 00, www.volkersberg.de
- ÖPNV: Bus 8054, Haltestelle Abzweig Volkers (rund 10 Minuten Fußweg)

Spaziergang mit Sisi

4 Zu Fuß durchs Bad Kissinger Welterbe

Bei ihren insgesamt sechs Kuraufenthalten in Bad Kissingen war Kaiserin Elisabeth von Österreich täglich in der Natur unterwegs. Sisi, wie sie von aller Welt liebevoll und bewundernd zugleich genannt wurde, wollte etwas für ihre angeschlagene Gesundheit tun. Und die weltberühmte Kurkleinstadt im Fränkischen, weit entfernt vom ungeliebten Wiener Hof, bot ihr reichlich Gelegenheit dazu und Ablenkung obendrein. Hier war sie glücklich – ob mit oder ohne ihren Gatten Franzl, der sie zur ersten „Kaiserkur" 1864 und vier Jahre später zur zweiten begleitete.
Glücksuchende von heute können es Sisi gleichtun und auf den Spuren von Frau Kaiserin durch die Parklandschaft und das Kurviertel auf den 284 Meter hohen Altenberg wandern und von dort die Aussicht über das Städtchen und sein Umland genießen. An ihrem Lieblingsort haben die Kissinger der hochherrschaftlichen Besucherin, die meist unter dem Pseudonym „Gräfin von Hohenembs" in der Kurstadt weilte, einen Gedenkstein mit Bronzetafel errichtet: Sisis Konterfei im Profil mit deutlichen Berührungsspuren auf der Wange.
Rund 3,5 Kilometer lang ist die Sisi-Tour, nicht ganz ohne Anstrengung zu bewältigen, aber sie bleibt ein Spaziergang und artet nicht zum Gewaltmarsch aus. Ein schöner Nebeneffekt: Auf der Strecke zwischen Kurgarten, Fluss und Wald flaniert man an den historischen Gebäuden vorbei, die den Kern der UNESCO-Welterbestätte Bad Kissingen bilden. Startet man unter den Palmen am Maxbrunnen vor dem Regentenbau mit einem der weltbesten Konzertsäle, läuft man an den Arkaden der Brunnen- und Wandelhalle mit der drehbaren Konzertmuschel vorbei. Vom Luitpoldsteg, der im eleganten Schwung über die Saale führt, fällt der Blick auf die Spielbank und das Luitpoldbad, das heute als prachtvolles Behördenzentrum dient. Und weil in Bad Kissingen vieles nach dem bayerischen Prinzregenten benannt ist, durchquert man danach den Luitpoldpark mit den Kneippanlagen. Dann geht der Weg steil hoch auf den Altenberg zum Sisi-Denkmal.

TIPP

Weitere Infos zu den elf europäischen Kurstädten des UNESCO-Welterbes (www.welterbe.badkissingen.de).

- Bayerisches Staatsbad Bad Kissingen, Im Luitpoldpark 1, 97688 Bad Kissingen, Tel. (09 71) 8 04 80, www.badkissingen.de
- ÖPNV: RB 50, RE 57, Bahnhof Bad Kissingen (10 Minuten Fußweg ins Kurviertel)

Klettern und Rutschen

5 Aussichtsturm Noahs Segel auf dem Ellenbogen

Der 813 Meter hohe Berg Ellenbogen liegt so ziemlich im Zentrum der Rhön. Eine gute Idee war es, auf dem Gipfel eine Aussichtsplattform zu bauen, von der aus man den Blick über das „Land der offenen Fernen" schweifen lassen kann – nach Thüringen, Hessen und Bayern. 2 Euro muss man in den Geldschlitz am Drehkreuz einwerfen, dann ist der Weg frei zu den 84 Stufen, die auf die oberste Plattform der imposanten Holz- und Metallkonstruktion führen. Hier pfeift einem der Wind um die Ohren, doch das Klettern lohnt sich, der Rundumblick ist fantastisch.

Wie aber kam der Turm zu seinem biblischen Namen? Mit ein bisschen Fantasie sieht das elegante Konstrukt tatsächlich aus wie ein Segel im Wind. Aber warum Noahs Segel? Der Architekt Matthias Leicht aus Bad Neustadt an der Saale hatte bei der Formgebung der hölzernen Stelen zunächst an den Armknochen des menschlichen Ellenbogens gedacht. Die Idee mit Noahs Segel kam ihm, nachdem er die nahe gelegene Erlebniswelt Rhönwald mit dem dortigen Besucherzentrum Arche gesehen hatte. „Weil man sich vorstellen könnte, dass die Arche auf dem einen Berg gestrandet ist und auf dem anderen Berg das Segel verloren hat", so Leicht in einem Interview über sein 2017 realisiertes Projekt.

TIPP

Im Winter macht direkt neben Noahs Segel die Rhöner Gaudirutsche auf luftgefüllten Snowtubs Spaß.

Rauf auf den Turm kommt man mit einer gewissen Anstrengung, runter geht's umso leichter: Eine spiralförmige Rutschbahn, die man so oft benutzen kann, wie man Lust hat, macht nicht nur Kindern Spaß. Durch die Bullaugen im Dach der Röhre kann man im Vorbeisausen auf den Rutschmatten ein Stück Rhönhimmel erblicken. „Toller Turm, schöne Aussicht und coole Rutsche", haben begeisterte Besucher ins Gästebuch auf dem Ellenbogen geschrieben. „Ich bin leider erst fünf Jahre alt und darf noch nicht rutschen", lautet hingegen der Eintrag von Mila. Kleiner Trost: Beim Ausflug im nächsten Jahr könnte es klappen. Und noch besser: Alle, die kleiner sind als 1,10 Meter, haben freien Eintritt zur Rutsche auf Noahs Segel.

- Noahs Segel, Am Ellenbogen 1, 98634 Oberweid, Tel. (03 69 46) 2 16 16
  www.thueringen.info/noahs-segel.html
- ÖPNV: Bus 409, Haltestelle Ellenbogen

P

Frau Holle macht glücklich

6 Ski- und Rodelarena auf der Wasserkuppe

Wenn Frau Holle ihre Betten schüttelt, wird es weiß. Traditionell verortet man die märchenhafte Schneemacherin zwar am benachbarten nordhessischen Meißner, was die Rhöner aber nicht davon abhält zu sagen: „Wir stehen im engen Kontakt mit Frau Holle." Manchmal müssen die Liftbetreiber in den immer milder werdenden Wintern ein wenig nachhelfen und die Schneekanonen einschalten, damit Hessens höchstes Skigebiet auf der Wasserkuppe perfekte Bedingungen für den frostigen Sport bietet. In der Regel ist der Gipfel von Dezember bis Februar winterlich weiß.

Insgesamt 27 Lifte erschließen in verschiedenen Wintersportgebieten der Rhön rund 40 Pistenkilometer. Die längsten Abfahrten bieten die Lifte am Kreuzberg in der bayerischen Rhön. Glücklich macht Schneebegeisterte aber auch das familiär geprägte Skigebiet in der hessischen Rhön. Auf der Wasserkuppe stehen für den Wintersport vier Skilifte und ein Skiförderband für die Anfänger zur Verfügung. Damit das Ganze zur Ski- und Rodelarena wird, gibt es noch den Schlittenlift „Wie-Li", der ganzjährig die komplette Familie einschließlich Oma und Opa gemütlich bergauf und bergab bringt.

TIPP
In schneefreier Zeit bieten sich Wettrennen auf den parallel verlaufenden Sommerrodelbahnen an.

Gänzlich ohne Sportgeräte kommt in den Wintergenuss, wer sich zu Fuß auf einen der vielen Winterwanderwege der Wasserkuppe begibt. Rund um den meist sonnigen Gipfel unterwegs zu sein, vorbei an glitzernden Schneefeldern oder unter Tannenbäumen durch den tief verschneiten Märchenwald, hebt die Stimmung, auch wenn es draußen knackig kalt ist. Ebenso schön ist dann das Einkehren ins Wohlig-Warme: Dazu lädt die Märchenwiesenhütte direkt neben der Piste ein, wo es sich nach Hüttenzauber anfühlt und den Kleinen zum Beispiel ein „Rodel-Menü" mit Chicken-Nuggets und Pommes schmeckt. Kulinarisch anspruchsvoller und romantischer geht es im Hotel Peterchens Mondfahrt zu. Vor dem offenen Kaminfeuer entschließt man sich vielleicht dazu, noch eine Nacht auf der Wasserkuppe dranzuhängen und die Segnungen der Frau Holle etwas länger zu genießen.

- Ski- und Rodelarena Wasserkuppe, Wasserkuppe 60, 36129 Gersfeld, Schnee-Tel. (08 00) 9 71 97 73, www.skilifte-wasserkuppe.de
- ÖPNV: Bus 35, 37, Haltestelle Wasserkuppe

Wild und idyllisch

7 Trollblumen leiten zum Eisgraben-Wasserfall

Wer über den Rhön-Rundweg 5 wandert, hat ein attraktives Ziel vor Augen: den Eisgraben-Wasserfall. Hier rauscht der sich bis dato friedlich durch Wiesen schlängelnde Aschelbach durch eine 4 Meter hohe Felsschlucht in die Tiefe – nicht spektakulär, aber malerisch. Das Bächlein kann aber auch anders, als nur harmlos zu spritzen. Die Menschen im nahen Hausen wissen von einem Unwetter am 26. Juli 1834 zu berichten: Mit unfassbarer Wucht schossen damals Wassermassen durch den Eisgraben ins Tal hinab und rissen Geröll und Felsbrocken mit sich. Der Ort Hausen wurde bei der Katastrophe völlig überflutet und mit Basaltsteinen bedeckt.

Noch heute kann das Rinnsal nach der Schneeschmelze zu einem reißenden Wildbach werden – daher der treffende Name Eisgraben. Der Bach zieht kühles Wasser und kalte Luft mit sich ins Tal, sodass die Temperaturen entlang des Bachlaufs stets etwas niedriger sind als in der Umgebung. Wenn jedoch bei warmer Sommersonne eine Schafherde auf den Wiesen grast und weiße Blüten im Bachlauf schwimmen, scheint dieses Szenario weit weg zu sein. Will sagen: Der Eisgraben-Wasserfall ist die meiste Zeit des Jahres ein ideales Ausflugsziel für Familien, die sich zum gemütlichen Picknick auf den Bänken oberhalb der Schlucht niederlassen und die Rhönlandschaft genießen – wenn sie Glück haben, sogar inmitten von Trollblumen.

Man erreicht den Eisgraben, der eigentlich in Sichtweite neben der Hochrhönstraße liegt, aber mangels Parkplatz von dort nicht zugänglich ist, nur zu Fuß über besagten Rhön-Rundweg 5 vom Schwarzen Moor aus. Dazu muss eine 10 Kilometer lange Strecke bewältigt werden, zuerst durch den Wald, dann über Bergwiesen. Kürzer ist der Weg vom Parkplatz Hillenberg oberhalb von Hausen aus. Durch herrlich grüne Graslandschaften mit gelben Blumen-Punkten und mit Fernblick über die Lange Rhön kommen Wanderer dem Eisgraben näher. Die Strecke führt noch zur Frauenhöhle, in der einst, wie die Sage berichtet, ein Burgfräulein und seine Mägde verschüttet wurden.

- Eisgraben-Wasserfall am Rhön-Rundweg 5, Start: Parkplatz Schwarzes Moor, Schwarzes Moor 1, 97650 Fladungen
- ÖPNV: Hochrhönbus 8305 (Mai–Okt.), Haltestelle Schwarzes Moor/Dreiländereck

Losfliegen ins Glück

8

Mit dem Gleitschirm in die Luft gehen

Der Wind bläst unter den Stoff – wie ein großer Flügel wölbt sich der Schirm. Wenn er ein paar Schritte den Berg hinabläuft, hebt der Mensch ab. An kaum sichtbaren Leinen hängt er unter seinem Flugsegel, kreist bald am blauen Himmel. Leicht sieht es aus, viele bunte Punkte schweben schwerelos um die Wasserkuppe. Aus dem Trend ist längst ein Volkssport geworden: Gleitschirmflieger sind in der Rhön die am häufigsten anzutreffenden Flugwesen, rund 1300 Aktive sind im Verein organisiert, Flugschulen bieten Kurse für Anfänger und Fortgeschrittene. Was macht sie glücklich? Fragen wir Klaus, einen Frankfurter, Anfang 60, der gerade seinen Ultraleichtschirm aus dem Rucksack packt. Früher kam er auf die Wasserkuppe, um auf dem Flugplatz in Segelflugzeuge oder Motorsegler zu steigen. Mit Mitte 50 hat er das Paragliding für sich entdeckt. Der Gleitschirm hat unbestreitbare Vorteile, wie er sagt: „Man ist komplett dem Element Luft ausgesetzt. Insofern ist es die urtümlichste Art zu fliegen, weil man unmittelbar die Aufwinde und die Kräfte in der Natur spürt. So nah dran ist man bei keiner anderen Form des Fliegens, dadurch wird das Erleben sehr elementar."

Der Berg der Flieger, einst Mekka der Pioniere des Segelflugs, ist auch für die Fraktion der Paraglider ein ideales Terrain. Die Hänge bieten bei günstigen Wetterlagen Abflugmöglichkeiten in fast alle Himmelsrichtungen. Und wie sieht das dann von oben aus, wenn man sich mit dem Gleitschirm in der Thermik 1000 Meter über die Berggipfel geschraubt hat? Klaus weiß es: „Jede Landschaft verliert aus großer Höhe ihre Kontur und ihr Profil. Das Landschaftsbild der Weite hat man dann nicht mehr so – aber man sieht im Osten den Thüringer Wald, im Westen den Taunus, im Norden den Vogelsberg und im Süden die Haßberge. Man ist dann plötzlich nicht nur in der Rhön, sondern in der Mitte Deutschlands zwischen den Mittelgebirgen." Der Schirm bläht sich auf, Leinen und Gurte sind gecheckt – Arme ausbreiten und losfliegen ins Glück!

TIPP
Gleitschirmflieger beobachten – etwa an der Abtsrodaer Kuppe – oder als Tandempassagier mitfliegen.

- Rhöner Drachen- und Gleitschirmflugschulen, Wasserkuppe 46, 36129 Gersfeld, Tel. (0 66 54) 75 48, www.papillon.de/wasserkuppe
- ÖPNV: Bus 35, 37, Haltestelle Wasserkuppe

Hollywoods Wurzeln

9 Hinter den Kulissen des Meininger Theaters

Meiningen sei keine Stadt mit Theater, sondern ein Theater mit Stadt, soll der österreichische Komponist Gustav Mahler gesagt haben. Und in der Tat: Unübersehbar thront der imposante Gebäudekomplex, der das bedeutende Staatstheater beherbergt, im Zentrum der thüringischen Kreisstadt am östlichen Rand der Rhön. 300 Menschen aus 20 Nationen arbeiten hier, erfährt man bei einer Theaterführung: Schauspieler, Verwaltungsangestellte, Musiker, Tänzer, Garderobieren, Maskenbildner, Beleuchter, Regisseure und Dramaturgen. Meiningen ist eine Kleinstadt mit einem richtig großen Theater.

Zu verdanken haben die Meininger ihr Vier-Sparten-Haus (Schauspiel, Oper, Konzert und Puppentheater) der kulturbeflissenen Obrigkeit. 1831 wurde das Haus eröffnet, nach einem Brand 1908 dauerte der Wiederaufbau nur 20 Monate. Es war der „Theaterherzog" Georg II., der sich besonders für das Schauspiel engagierte, selbst Kostüme und Bühnenbilder entwarf, Regie führte und – mit großzügigen finanziellen Mitteln – ein Theater neuen Stils etablierte: das Regietheater, das sich um Werk- und Geschichtstreue, Realismus und präzise Darstellung des Ensembles bemühte. Die Meininger prägten mit ihren Prinzipien die Theaterwelt, besonders als sie mit ihren Stücken ab 1874 zu Tourneen aufbrachen und 2600 Gastspiele in ganz Europa zeigten. Letztlich hatte diese Theaterrevolution Auswirkungen auf moderne Filmproduktionen – was zur Erkenntnis führte: „Ohne Meiningen kein Hollywood".

TIPP
In die „Zauberwelt der Kulisse" entführt das Theatermuseum in der Reithalle (www.meiningermuseen.de).

Im goldschimmernden Foyer im Großen Haus begegnen Besucher während der Führung dem Theaterherzog. Das wandhohe Gemälde zeigt eine beeindruckende Persönlichkeit. Klar, warum Kinder riefen: „Guck mal, da kommt der liebe Gott!", wenn der hünenhafte Herzog mit wallendem Rauschebart durch Meiningen spazierte. Nicht alle Bürger aber waren davon begeistert, dass der Potentat seine Untertanen per Befehl ins Theater zwingen wollte. Heute lassen sich Besucher aus nah und fern mit günstigen Eintrittspreisen in die Vorstellungen locken.

- Staatstheater Meiningen, Bernhardstraße 5, 98617 Meiningen, Tel. (0 36 93) 45 12 22, www.staatstheater-meiningen.de
- ÖPNV: RB 40, 41, 44, 50, Bahnhof Meiningen (rund 6 Minuten Fußweg)

Schöne Weihnachtszeit!

10 Rhönkultur im Kloster Wechterswinkel

Es ist ein Ort für bildende Kunst, Musik, Literatur und Lebensart: Aus einem Getreidespeicher schuf man 2008 das Kreiskulturzentrum des Landkreises Rhön-Grabfeld in Bastheim. Der außergewöhnliche Ort entstand nach aufwendiger Sanierung im ältesten Gebäude des Kreises, dem Kloster Wechterswinkel, das im Jahr 1140 durch den Würzburger Bischof Embricho als Abtei für Zisterzienserinnen begründet wurde. Das Ensemble um die spätromanische Klosterkirche mit Konvent, Zehntscheune, Gästehaus, Schule, Mühle und Brauhaus erfuhr im Laufe der Jahrhunderte unterschiedliche Nutzungen – zuletzt eben nur noch eine rein landwirtschaftliche.

Doch das sollte nach dem Willen der regionalen Kulturagentur nicht so bleiben. Heute sind im Kloster pro Jahr mehrere Ausstellungen zu sehen, der Schwerpunkt liegt auf zeitgenössischer Kunst, besonders der Bildhauerei, wie schon ein Gang durch den Skulpturengarten zeigt. Dazu kommen historische Sonderschauen über das mittelalterliche Leben, die zum Beispiel anschaulich den Alltag von Rittern und Burgfräulein auf den unterfränkischen Burgen zeigen.

TIPP
Anfang April findet im Kloster ein Frühlings- und Kräutermarkt statt.

Richtig romantisch wird es im Kloster Wechterswinkel immer am zweiten Adventswochenende. Dann nämlich lockt die traditionelle Klosterweihnacht nach Bastheim, und das Zentrum verwandelt sich in einen bunten Markt: Geflochtene Korbwaren, Glasschmuck, handgewebte Textilien, Filzkleidung, Leder- und Holzdesign, Schwibbögen, Aquarelle und Buchbindearbeiten sind im Angebot. Es gibt zauberhaften Weihnachtsschmuck, Keramik, Kulinarisches aus Kräutern, feinste Edelbrände, Honig aus der Gegend. Im geschmückten Innenhof des Klosters kann man Feuerzangenbowle, Glühwein oder Trinkschokolade trinken und Grillspezialitäten vom Wild, Rhöner Bauernbrot, geräucherte Rhönforelle, Crêpes und Waffeln probieren. Dazu gibt's ein kulturelles Rahmenprogramm mit Musik. Und eine neue Dauerausstellung zeigt – nicht nur zur Weihnachtszeit – Krippen aus aller Welt im spannungsreichen Dialog mit moderner Kunst.

- Kloster Wechterswinkel, Um den Bau 6, 97654 Bastheim-Wechterswinkel, Tel. (0 97 73) 89 72 62, www.kultur.rhoen-grabfeld.de
- ÖPNV: Bus 821, Haltestelle Wechterswinkel Umgehungsstraße, Bastheim

Perle der Rhön

11 Wie die Milseburg zu ihrem Namen kam

Es gibt Plätze in der Rhön, die sind still und menschenleer. Wer das sucht, sollte die Milseburg bei Hofbieber in der hessischen Kuppenrhön lieber meiden. Man findet selten Ruhe auf dem Berg, hier ist meistens was los: Wanderer, Pilger, Wallfahrer, Radtouristen, Sonntagsausflügler, Naturforscher und Hobbyarchäologen treffen an dem Ort zusammen, der den schönen Beinamen „Perle der Rhön" tragen darf.

Warum zieht dieser Glücksort die Menschen an? Nun, das 360-Grad-Panorama vom Gipfel ist grandios, der Berg beherrscht die Landschaft. Aber es liegt nicht nur an der prägnanten trapezartigen Form der 835 Meter hohen schwarzen Basalterhebung mit der Kreuzigungsgruppe auf dem Gipfel, die alle Blicke auf sich zieht. Es hat auch damit zu tun, dass viele Wege den Berg zum Knotenpunkt machen – gewissenmaßen zum Frankfurter Kreuz der Wander-Autobahnen: Die Europäischen Fernwanderwege E3 (vom Atlantik zum Böhmerwald) und E6 (von der Ostsee zur Adria) treffen sich hier. Auch eine Extratour des viel frequentierten „Hochrhöner" führt zum Milseburggipfel. Zudem werden Zweiradfahrer magisch angezogen vom Milseburgtunnel, mit 1172 Metern einer der längsten Fahrradtunnel Deutschlands, der Teil des Hessischen Fernradweges R3 (Rhein-Main-Kinzig) ist. Die hohe Verkehrsdichte ist also kein Wunder.

Ein heiliger Berg bleibt die Milseburg trotz allen Trubels gleichwohl. Das hat mit dem sagenhaften Ursprung des Namens zu tun, der auf den Riesen Mils zurückgeht. Als die ersten christlichen Missionare in die Rhön kamen, trieb dieser in der Gegend im Verbund mit dem Teufel sein Unwesen und störte die Bekehrungsarbeit der Mönche. Erst der heilige Gangolf konnte den bösen Riesen auf seiner Burg bezwingen. Verzweifelt brachte Mils sich daraufhin um. Der Teufel bedeckte seinen Leichnam mit Steinen – so entstand die heutige Milseburg. Den Sieg des Christentums machen die Kreuze von weit her sichtbar. Unterhalb steht eine kleine Wallfahrtskapelle zu Ehren des sieghaften Ritters – die Gangolfskapelle.

- Milseburg, Parkplatz an der L 3379, 36145 Hofbieber-Danzwiesen
- ÖPNV: Bus 34, 90, Haltestelle Milseburg (rund 30 Minuten anspruchsvoller Fußweg)

Das Rhönschaf

12

Fressen, düngen, Landschaft pflegen

Schwarzer Kopf, helles Kuschelfell, die Hörner fehlen – das Rhönschaf ist leicht zu erkennen. Meist begleitet von ein paar Ziegen laufen die Herden über die Bergwiesen der Rhön und tun, was sie tun müssen: fressen und verdauen. Was sie hinterlassen, düngt die Landschaft und macht sie einzigartig: Abgegraste Weiden und grüne Buckel, auf denen Thymian wächst. Stehen bleiben niedrige Weißdornbüsche und die Rhöndistel, die sich mit ihren Stacheln gegen die gefräßigen Tiere zu schützen weiß.

Rund 7000 Exemplare dieser alten Nutztierrasse, die schon einmal fast ausgestorben war, gibt es heute in der Rhön. 350 von ihnen nennt Schäfer Frank Keßler sein Eigen. Am Waldrand oberhalb von Bischofsheim steht dicht zusammengedrängt ein Teil der Herde und kaut. Der Mann mit Schäferstab und breitkrempigem Hut blickt stolz auf seine Schafe: „Für mich hat sich ein Kindheitstraum erfüllt", sagt Keßler, der schon mit zwölf Jahren sein erstes Lamm kaufte und heute einen biologischen Betrieb führt. In der Biosphärenwoche gibt er Interessierten Einblick in seine Arbeit und lässt sie hausgemachte Schafswurst und -schinken probieren. „Es ist wichtig, dass das Schaf gegessen wird, damit es nicht ausstirbt", erklärt Keßler, denn schließlich sei das Rhönschaf kein Museumsexponat, sondern eine Nutztierrasse. Auch die Wolle gehört dazu – heute zumeist nur ein Abfallprodukt, aus dem die Schäfer „RhönWollets" herstellen, die als Gartendünger verkauft werden.

TIPP
Es gibt Fleisch, Wurst und Wolldünger (www.bio-rhoen schaeferei-kessler.de).

Mit dabei ist Kumpel Michael Tulit. Der Naturführer kann die Geologie und den Rhöner an sich kompetent erklären, kennt sich aber auch aus mit dem Rhönschaf: „Mein Opa war ein Hütebub", sagt Tulit und erinnert an die Zeit, als die Schäfer von den Bauern noch mit Naturalien fürs „Pferchschlagen" bezahlt wurden. Für die Entstehung der typischen Huteweiden war die Düngung durch Schafe entscheidend. Dass die wegen der minderwertigen Wolle früher nicht so geschätzte Schafrasse heute hoch im Kurs steht, freut ihn besonders. Die Schafe blöken zustimmend.

● Rhönschafe, Führungen im Naturpark & Biosphärenreservat Bayerische Rhön, Oberwaldbehrunger Straße 4, 97656 Oberelsbach, Tel. (0 97 74) 91 02 60
www.biosphaerenreservat-rhoen.de

Die Brunnenfrau zapft

13

Aus Bad Kissinger Heilquellen trinken

Nicht immer sieht man nur glückliche Gesichter in der Brunnenhalle von Bad Kissingen. Beim ersten Schluck des Heilwassers aus dem Pandur-Brunnen verzieht mancher Kurgast das Gesicht: salzig, metallisch und bitter. Der zweite Schluck ist schon erträglicher. Was Gesundheitslotsin Julia Schmitt da aus der Leitung zapft, ist gewöhnungsbedürftig: „Es schmeckt nach Eisen und wirkt wie eine Infusion", lacht die junge Frau, die sich mit den sieben Heilquellen der Badestadt bestens auskennt.

Jedes Wasser hat eine andere Wunderwirkung, aber alles sei „supergesund", weiß die Chefin der elf Brunnenfrauen, die nach Beratung oder ärztlicher Verordnung das jeweils passende Wasser in die Gläser der Kurgäste füllen. Mal tut die Flüssigkeit Magen und Darm gut, mal wirkt sie wohltuend auf Atemwege oder Kreislauf. Das Wasser kommt aus der Tiefe, wird durch ein Röhrensystem nach oben gepumpt, in der Brunnenhalle angewärmt, portionsweise ausgeschenkt und gleich verköstigt. Wer das Bitterwasser wie einen Schnaps zu sich nehme, spüre alsbald die Wirkung dieses Premiumabführmittels, verspricht Julia Schmitt.

Mit dem Glas in der Hand wandeln die Kurgäste durch die größte Wandelhalle der Welt. Der Arkadenbau von 1838 und der benachbarte Regentenbau des Münchner Architekten Max Littmann prägen die Weltbadarchitektur, die 2021 durch den Titel „Welterbestätte" geadelt wurde – Bad Kissingen kam zusammen mit zehn anderen „Great Spa Towns of Europe" auf die UNESCO-Liste. Spielbank, Kurtheater und Luitpoldpark komplettieren das bayerische Staatsbad, in dem viele Berühmtheiten zu Gast waren.

Doch ausgerechnet einem, der nie in der Stadt war, setzten die Bad Kissinger ein besonderes Denkmal: Vorm Eingang zur Wandelhalle thront der ungarische Fürst Férenc Rákóczy. Nach dem prominenten Freiheitskämpfer wurde eine Heilquelle benannt. Vermutlich gaben ungarische Dragoner, die zur Kur in Kissingen waren, dem bitteren Sprudelwasser wegen seiner aufrührerischen Wirkung den Namen „Rakoczy-Quelle".

TIPP

Heilwasser-Tasting inklusive Brunnenglas und Heilwasser-Praline (www.badkissingen.de/tasting).

- Brunnen- und Wandelhalle, Am Kurgarten 1, 97688 Bad Kissingen
  www.badkissingen.de
- ÖPNV: RB 50, RE 57, Bahnhof Bad Kissingen (10 Minuten Fußweg ins Kurviertel)

Wurst im Glück

14 Essen im Puppenhaus am Brunnen in Dipperz

Die Rhön ist ziemlich weit weg vom Meer, eine halbe Tagesreise bis zur Küste. Trotzdem hat sich das Dipperzer Restaurant mit dem putzigen Namen „Puppenhaus am Brunnen" auf Köstlichkeiten, die aus dem Salzwasser gefischt werden, spezialisiert. Als eines der wenigen Fischrestaurants in der Region bieten Inhaber Claus Dalitz und seine Frau Katharina Koch-Dalitz ihren Gästen zum Beispiel Greetsieler Nordseekrabben, Färöer Lachs oder eine kräftige Bouillabaisse an. In regelmäßigen Abständen finden sogar Hummerwochen in der osthessischen Gemeinde statt, dann landet kanadischer Lobster im Kochtopf.

Die Affinität zur See kommt nicht von ungefähr, denn das Gastronomenpaar lebt und arbeitet in zwei Welten: im Winter in der Rhön und im Sommer auf der dänischen Ostseeinsel Bornholm. Dort betreiben sie das Restaurant Culinarium direkt am Hafen im Küstenort Nexø. Die beiden Dipperzer lieben den Wechsel: Wenn das Bornholmer Restaurant geöffnet hat, ruht das in der Rhön, nämlich von Mitte Mai bis September.

Aber wenn sie in der Heimat sind, geben sie im Puppenhaus neben dem Dorfbrunnen ihr Bestes. Als Gruß des Hauses kommt eine Minifischfrikadelle aus Lachs und Dorsch an den Tisch, garniert mit Grün aus dem Garten, Chilidip und Zuckerschotensalat. Das zeigt schon die Richtung an, um die es in der Küche geht, wenn zum Hauptgang Fischfilet in Proseccosauce zubereitet wird.

Aber es geht auch weniger aufwendig: Zum 15-jährigen Jubiläum des Restaurants hat Küchenchef Claus als besonderes Schmankerl eine hausgemachte Kalbsbratwurst in Currysauce mit Pommes frites und Bärlauchmayo auf die Karte gesetzt. Die Wurst passt gut in die Rhön, wo man auch gern die echte Thüringer Rostbratwurst isst. Im Puppenhaus wird eine hessische Variante im Glas mit der Aufschrift „Glück" serviert. Zu diesem Zipfel Rhöner Glück passt das Motto des Hauses: „Essen ist ein Bedürfnis, Genießen ist eine Kunst."

- Restaurant Puppenhaus am Brunnen, Fuldaer Straße 28, 36160 Dipperz, Tel. (0 66 57) 91 80 59, www.puppenhaus-dipperz.de
- ÖPNV: Bus 31, Haltestelle Dipperz Langenbieberstraße

GLÜCK

Gemütliches Sattelglück

15 Unterwegs auf dem Rhönexpress Bahn-Radweg

Naturgemäß geht es in der Rhön erst rauf und dann wieder runter – so ist das in einem Mittelgebirge, dessen Profil von mindestens zwei Dutzend Bergen über 600 NN geprägt wird. Trotzdem kann Radfahren in der Rhön Spaß machen. Und zwar nicht nur ambitionierten Bergradlern mit Rennmaschinen oder Mountainbikeausrüstung, sondern auch Flachlandtramplern, die das gemütliche Sattelglück suchen. Für diese Zielgruppe empfiehlt sich der Rhönexpress Bahn-Radweg, der seit 2019 über 26 Kilometer von der hessischen Grenze bei Zeitlofs bis zum Markt Wildflecken auf der ehemaligen Trasse einer Eisenbahnstrecke verläuft.

Die stillgelegte Bahntrasse durchs Sinntal war schon fast vergessen, als die Idee auftauchte, sie für Zweiräder zu reaktivieren. Glatt asphaltiert und mit insgesamt nur 250 Höhenmetern fast eben, führt die attraktive Strecke während eines Tagesausflugs vorbei an Rhönhighlights: dem Bayerischen Staatsbad Bad Brückenau, dem Haus der Schwarzen Berge in Oberbach und Wildflecken im Biosphärenreservat. Damit es für Radausflügler garantiert nicht langweilig wird, hat man die Strecke aufgepeppt mit Relikten aus der Bahnära: Schienen, alte Signale, Wartehäuschen und Entfernungssteine am Wegrand, an Straßenkreuzungen grün-weiße Andreaskreuze – zum Teil kunstvolle Installationen, die zum Fotostopp animieren.

Es gibt auch Überraschungen zu entdecken: Bereits 3 Kilometer nach dem Start in Zeitlofs werden Radler zu einer kleinen Exkursion nach Rupboden eingeladen. Dort warten Fragmente der vergessenen Autobahn. Eine gewölbte Unterführung aus Buntsandstein ist eines der letzten Überbleibsel der Strecke 46. So wird ein unvollendetes Reichsautobahnstück zwischen Fulda und Würzburg bezeichnet, dessen Bau 1937 startete, aber schon zwei Jahre später wurde das Projekt wieder eingestellt. Nach dem Krieg entstand auf einer parallelen Trasse die A 7. Das interessiert überzeugte Fahrradfahrer aber nur wenig. Denn die freuen sich mehr an ihrem Radweg, der einst für die Bahn bestimmt war.

- Rhönexpress Bahn-Radweg, Start: Brückenauer Straße/Ecke Roßbacher Straße, 97799 Zeitlofs, https://rhoenexpress.bayern, Infos zur Nebenstrecke: www.strecke46.de
- ÖPNV: Bus 8059, Haltestelle Zeitlofs Abzweig Roßbach

Käthe ist die Schönste

16

natürlich RHÖN bietet Außergewöhnliches

Rhön's Next Topmodel heißt Käthe: edle Züge, geheimnisvolle dunkle Augen und ein anschmiegsames Wesen. Die Siegerin beim Casting zum schönsten Wesen der Rhön stach alle anderen Kandidatinnen aus, nicht eine sieht so gut aus wie sie. Kein Wunder, dass ihr Bild auf allen möglichen Produkten prangt, dass sich Künstler um die junge Dame reißen, dass sie zur Botschafterin einer ganzen Region geworden ist. Ach so, vielleicht sollte man noch erwähnen, dass Käthe ein Schaf ist, genauer gesagt ein Rhönschaf.

Entdeckt wurde Käthe nicht von Heidi Klum, sondern von Michael Rohr und Simone Schleicher, die zusammen den Laden natürlich RHÖN in Gersfeld betreiben. Auf der Suche nach einer Werbeträgerin stießen sie bei einem Fotoshooting auf dem Spiegelshof in Ehrenberg auf das Model-Schaf, das seither in unterschiedlichen Outfits im Laden zu sehen ist. Mit dem abgewandelten Slogan „Yes we Rhön" trotzte das Konterfei von Käthe schon der Coronakrise. Ein Motiv im Andy-Warhol-Stil zeigt Käthe wie das berühmte Marylin-Monroe-Porträt in verschiedenen Farben. Und Käthe kann auch divers: Michael Rohr trägt ein T-Shirt mit einem Bild von Käthe in kleidsamer männlicher Rhöner Tracht.

TIPP

Ab Oktober: Christstollen probieren im benachbarten Café Mandel Rose.

Der außergewöhnliche Laden im Zentrum der osthessischen Kleinstadt präsentiert neben künstlerischen und handwerklichen Artikeln wertige heimatliche Produkte in ansprechender Form: Rhöner Lebensmittel aller Art – von Brot bis Honig, von Whiskey bis Schinken – ebenso wie Taschen aus Schafs- oder Ziegenfellen oder den Rhön Kolter – eine kuschelige Baumwolldecke mit Schafaufdruck. Wer nach dem Einkaufen noch mehr Lust auf nette Entdeckungen in der Rhön bekommen hat, kann im Laden E-Bikes ausleihen und zu einer kleinen oder größeren Tour in die Umgebung starten – etwa rauf auf die Wasserkuppe oder ins nahe Poppenhausen. Wer weiß: Vielleicht begegnen einem auf dem Radausflug ja noch andere Schönheiten, die Käthe Konkurrenz machen könnten.

- natürlich RHÖN, Marktplatz 9, 36129 Gersfeld, Tel. (0 66 54) 9 18 50 60 www.natuerlich-rhoen.de
- ÖPNV: RB 52, Bahnhof Gersfeld (rund 6 Minuten Fußweg)

we Rhön
natürlich RHÖN

Auf Augenhöhe

17 Mensch-Tier-Begegnung im WirGarten Fulda

Die Begegnung von Mensch und Tier kann glücklich machen – wenn es gut funktioniert, sogar beide Seiten. Normalerweise läuft es im Streichelzoo so ab: Zeigt die Ziege Gefallen am Futter, das die Besucher mitbringen, lässt sie sich streicheln – und das Kind freut sich.

Aber will die Ziege wirklich körperlichen Kontakt? In Fulda ist man sich da nicht so sicher und hat deshalb aus dem früheren Tiergarten einen „WirGarten" gemacht. In dem neuartigen Mensch-Tier-Begegnungszentrum, getragen von der Kinderakademie Fulda, geht man andere Wege: Statt die Tiere wie bisher mit Futter anzulocken, sollen die Besucher erfahren, wie es ist, wenn diese freiwillig kommen, weil sie gestreichelt werden möchten. „Dazu muss man die Bedürfnisse der verschiedenen Tierarten kennenlernen und respektieren", erläutert Tierärztin Dr. Bianca Reith das Konzept. Kommunikation auf Augenhöhe gewissermaßen.

TIPP
Einen Picknickdeckenplatz auf der Schafswiese buchen!

Natürlich gibt es im WirGarten auch Ställe, Zäune und Gatter. Aber Esel, Ponys, Kühe, Lamas und andere Tiere tummeln sich überwiegend selbstbestimmt in den sehr weitläufigen Gehegen in Fulda-Neuenberg. Während die Tiere im alten Heimtiergarten in einer dunklen Schlucht eher beengt untergebracht waren, können sich besonders Huftiere nun auf sogenannten Paddock-Trails frei und ausgiebig so bewegen, wie es ihrer natürlichen Art entspricht. Und wie kommt es nun zur Begegnung? Zum Spielen liegt ein großer grüner Gummiball auf der Weide, der auf menschlicher und tierischer Seite für Spaß sorgt. Pädagogische Veranstaltungen und Führungen gehören fest ins Programm der Einrichtung. Ehrenamtliche Ranger und Fachkräfte sind in Erlebnispädagogik und sozialer Arbeit mit Tieren geschult. „Viele Kinder haben heute kaum noch Kontakt mit Tieren, wissen gar nicht, wie sie mit ihnen umgehen sollen. Das können sie hier lernen und auch erleben, wie viel Spaß es macht, eine Ziege oder einen Esel zu streicheln und zu versorgen", so die Betreiber.

- WirGarten Fulda, Sickelser Straße 10, 36041 Fulda, Tel. (06 61) 1 02 43 91
  www.wirgarten-fulda.de
- ÖPNV: Bus 5, Haltestelle Überm Engelshaus (3 Minuten Fußweg)

Wenn die Ranke häkelt

18 Rundwanderung durchs Rote Moor

Rouge ou noir? Eine wichtige Frage beim Roulette – und auch in der Rhön, wenn es ums Wandern geht. Denn vor einem Ausflug in die Natur ist zu klären: Was ist lohnender – das Rote oder das Schwarze Moor? Eine müßige Frage, denn man muss natürlich beide Naturschutzgebiete gesehen haben, weil sie jeweils einen eigenen Charakter haben. Starten wir in Hessen und wenden uns dem zweitgrößten Hochmoor der Rhön zu. Über den Bohlenlehrpfad gelangt man ins Rote Moor mit seinem Karpatenbirkenwald, der die Besucher alsbald verschlingt.

„O schaurig ist's, übers Moor zu gehen", garantiert fällt irgendjemandem bei sonnenarmer Wetterlage die Ballade vom Knaben im Moor von Annette von Droste-Hülshoff ein. Mit den Augen der Dichterin sieht man die tödliche Gefahr im sumpfigen Boden lauern. Wie viele mögen hier schon versunken sein? Ein unheilvoller Ort. Und während man bemüht ist, bloß nicht vom sicheren Weg abzukommen, „wimmelt es links und rechts vom Heiderauch, die Dünste drehn sich zwischen den fahlen Stämmen wie Phantome" und „die Ranke häkelt am Strauche", wie es im Gedicht heißt ... Was das bedeutet? Egal! Auf jeden Fall ist es unheimlich im Roten Moor.

Nach gut einem Kilometer ist der Bohlenweg zu Ende und man erreicht den kleinen Aussichtsturm. Von der Plattform aus hat man einen beruhigenden Blick auf den Moorweiher. Von hier aus geht es noch 2 Kilometer weiter über normale Wanderwege bis zum Zielpunkt Parkplatz. Welch ein Glück, wieder festen Boden unter den Füßen zu haben!

Auf Infotafeln und in der interaktiven „Moorfibel-Ausstellung" im Naturerlebniszentrum NABU-Haus erfährt man, dass im entwässerten Roten Moor 175 Jahre lang Torf abgebaut wurde. Die Landschaft wurde dabei zerstört. 1979 wies das Land Hessen sie dann als Naturschutzgebiet aus, die Renaturierung begann und wenige Jahre später stoppte die Torfausbeutung. Heute wächst das Moor wieder neu heran und trägt als Kohlenstoffspeicher zum Schutz des Klimas bei. So gesehen ist es also doch ein Glücksort.

● Rotes Moor, Moorlinden, Start: NABU-Haus am Roten Moor, Wanderparkplatz Moordorf, 36129 Gersfeld, Moorführer-Tel. (01 57) 77 92 19 59
www.nabuhausamrotenmoor.de

Flauschige Begleiter

19 Wandern mit Alpakas in der Rhön

Sie heißen Anton, Bruno und Adele. Ihr wolliges Fell ist braun, schwarz und beige. Die Alpakas sind etwas kleiner als Lamas, gehören aber ebenso zur Familie der Kamele. Sanftmütig und gelassen blicken die Tiere auf die umliegenden Berge, scheinen die Rhönlandschaft aber nicht ganz ernst zu nehmen. Denn normalerweise leben Alpakas auf 4000 Meter Höhe in den Anden. Trotzdem lassen sie sich von Wanderführer Maik Knackert an diesem Morgen zu einem Spaziergang durch Wiesen und Wälder überreden. Ein kleiner Futtersnack sorgt für Motivation, dann wird angehalftert und die Karawane – bestehend aus fünf Menschen, Hund Kira und drei Minikamelen – setzt sich in Bewegung.

Wer geht mit wem? Das klärt sich rasch auf dieser geführten Tour. Bruno ist mit seinem zugewiesenen Begleiter auf jeden Fall immer an der Spitze. „Die Tiere sind ein bisschen autistisch", erklärt Maik, „sie müssen immer in der richtigen Reihenfolge angeschirrt werden und hintereinanderlaufen." Andernfalls können sie auch mal ungemütlich werden und sich dem Rhythmus des Gehens in der Gruppe widersetzen. „Und spucken können die auch", warnt Maik lachend. Aber heute bleibt alles friedlich: „Wenn die Leine durchhängt und die Ohren steif stehen, sind die Tiere entspannt." Nach einer Weile haben sich Mensch und Tier aneinander gewöhnt. Ein therapeutischer Effekt stellt sich ein, weil die Harmonie stimmt. „Wir können uns glücklich schätzen, dass die Tiere mit uns laufen", freut sich Teilnehmer Christian mit dem folgsamen Bruno an der Leine. Aber laufen hier nicht vielmehr die Alpakas mit ihren Menschen?

TIPP

Auf dem Alpakahof kann man nach dem Prinzip „Urlaub gegen Hand" mitarbeiten.

Während des 3-stündigen Marsches durch die thüringische Rhön mit Wartburgblick entdeckt Maik immer wieder Erstaunliches. Der zertifizierte Natur-, Wald- und Landschaftsführer kennt sich bestens aus mit der heimatlichen Flora. Sein Tipp: frischer Salat von zartgrünen Buchenblättern mit Öl, Pfeffer, Salz und Zitrone. Die Alpakas zupfen lieber ein Kräutchen vom Wegesrand.

- Alpakawanderungen, Maik Knackert, Lenders 1, 36404 Oechsen, Tel. (03 69 65) 8 06 73, www.alpaka-zurueck-zur-natur.de
- ÖPNV: Bus 120, Haltestelle Lenders (rund 15 Minuten Fußweg)

Spirale des Friedens

20

An der Gedenkstätte Point Alpha

Mauern, Stacheldraht, Todesstreifen, Selbstschussanlagen. Kann eine Grenze ein Glücksort sein? Speziell die innerdeutsche Grenze, die bis 1989 das Land brutal zerschnitt, West- und Ostdeutsche in einem unmenschlichen Akt jahrzehntelang voneinander trennte? Wenn es diese Grenze nicht mehr gibt und jetzt ein Ort an die Überwindung der einstigen Sperranlagen erinnert, kann dies durchaus Glücksgefühle auslösen. Denn die deutsche Teilung ist Geschichte, es gibt hier zum Glück nichts Trennendes mehr.

Point Alpha, die Gedenkstätte zwischen dem hessischen Rasdorf und dem thüringischen Geisa, zeigt, wo einstmals die Grenze mitten durch die Rhön verlief. Damit nicht in Vergessenheit gerät, wie es mal war, wurde an einem authentischen Ort ein Teilstück der DDR-Grenzanlagen mit all den Fluchtverhinderungsmaßnahmen rekonstruiert – ein Freilichtmuseum der besonderen Art. Zudem gibt es den „Weg der Hoffnung", an dem 14 Skulpturen wie auf einem christlichen Kreuzweg an den Eisernen Vorhang zwischen Ost und West erinnern. Auch ein Glücksfall der Geschichte, dass der Freiheitswille ungebrochen blieb und schließlich siegte. Am 17. Juni 2005 verlieh man hier Gorbatschow, Bush und Kohl einen Preis für ihre Verdienste um die deutsche Einheit. Weniger monumental kommt ein Windspiel daher, das hinter dem blauen Haus auf der Grenze steht und den Wind des Wandels symbolisiert. Die „Spirale des Friedens" dreht sich unter freiem Himmel. Geschaffen wurde das Objekt 2004 von dem Kasseler Künstler Friedel Deventer, der auch an anderen Orten Kunstwerke mit Friedensbotschaften installierte. In der Rhön baute er ein dreiflügeliges Kunstwerk mit dem Wort „Frieden" in deutscher, russischer und englischer Sprache. An dem Ort, der einst die Frontlinie der Weltmächte USA und Sowjetunion markierte, rotiert seitdem unablässig die Vision vom Frieden. Am ehemals heißesten Punkt im Kalten Krieg sorgt dieses Windspiel für einen kleinen Glücksmoment – gerade in Zeiten, in denen Kriege wieder näher rücken.

- Gedenkstätte Point Alpha, Platz der Deutschen Einheit 1, 36419 Geisa, Tel. (0 66 51) 91 90 30, www.pointalpha.com
- ÖPNV: Bus 120, 125, Haltestelle Point Alpha

EACE
FRIE

Luthers Eheglück

21 Unterwegs auf dem Skulpturenweg

Die Rhön ist eine eher katholisch geprägte Region. Doch in Tann erinnern die Evangelischen gern an die frühe Einführung der Reformation. Es gab nämlich eine besondere Verbindung des Rhönstädtchens zu Martin Luther. Der Ritter Eberhard von der Tann hatte als Student den prominenten Wittenberger Theologen kennen- und schätzen gelernt und führte später als Regent in seiner Heimat den protestantischen Glauben ein. 1534 berief er gegen den Widerstand des Fuldaer Fürstabts den evangelischen Pfarrer Franziskus Kirchner nach Tann. Und 1564 ließ der Luther-Freund die Tanner Stadtkirche erbauen. Im Inneren des Nachfolgebaus zeigen Glasfenster noch heute die beiden für Tann wichtigen Männer.

An der Kirche beginnt auch ein knapp 3 Kilometer langer Rundwanderweg, der auf acht Stationen durch den Ort und auf die umgebenden Wiesen und Hügel führt. Wer ihn geht, lernt nicht nur mehr über die Beziehung des Reformators zu Tann, sondern erfährt auf unterhaltsame Weise auch etwas über Luthers Leben und Lehre. Folgt man den Tafeln und Skulpturen, kommt man vorbei an Kunstwerken unterschiedlicher Machart, die zum Nachdenken anregen sollen.

An der Brücke über die Ulster stehen zum Beispiel lustige Holzfiguren von Luther und seiner Frau Katharina von Bora, in die man für ein Foto das eigene Gesicht platzieren kann. Das Bild sieht dann zwar nicht so schön aus wie die berühmten Cranach-Porträts, aber es ist ein schönes Souvenir, das an die gute Beziehung des ehemaligen Mönchs zur aus dem Kloster geflohenen Nonne erinnert. Luther schätzte sein Eheglück sehr: „Ich wollte meine Käthe nicht um ganz Frankreich und Venedig mehr hergeben, darum, weil Gott sie mir geschenkt und mich ihr gegeben hat“, schrieb er. Dass er sich treffend auszudrücken wusste, belegen Luther-Zitate, die man am Tanner Museumsdorf findet. Um theologische Einsichten geht es schließlich bei einer Installation auf dem Habelberg: Aufgestellte Türflügel eröffnen einen schönen Blick über grüne Wiesen auf Tann – und auf den Glauben.

- Skulpturenweg Tann, Start bei Stadtkirche: Kirchplatz 1, 36142 Tann/Rhön, Flyer in der Tourist-Info im Rathaus, Marktplatz 6, www.tann-rhoen.de

Räder mit Fuchsschwanz

22 Im Deutschen Fahrradmuseum in Bad Brückenau

Unglaublich, was Freiherr Karl von Drais alles erfunden hat! Der Forstbeamte aus Karlsruhe ersann eine Notenschriftmaschine, neuartige Eimer zum Feuerlöschen und einen Wagen ohne Pferde. Bahnbrechend aber war die Laufmaschine, die er 1817 den staunenden Zeitgenossen präsentierte: ein Ur-Fahrrad mit Speichenrädern aus Holz, Ledersattel und einem Deichsellenker. Im Deutschen Fahrradmuseum ist ein Bild von ihm mit seiner „Draisine" zu sehen. Darauf sieht er aus wie ein stolzes Kleinkind, das sich zum ersten Mal im Leben auf seinem Laufrädchen fortbewegt.

Unter den 230 Zweirädern, die in der Villa Füglein in Bad Brückenau ausgestellt sind, gibt es einige dieser pedallosen Laufmaschinen, die die Geburtsstunde des Individualverkehrs zu Lande markieren. Aber Interessierte finden noch mehr Kuriositäten aus der Historie des Fahrrads. In großer Zahl etwa Hochräder aus dem ausgehenden 19. Jahrhundert, mit denen man dank Tretkurbel zwar schneller fahren konnte, was aber vom Lenker ein hohes Maß an Akrobatik verlangte. Auch skurrile Roller, Dreiräder und Fahrräder mit Hilfsmotoren gehören zum Bestand des Hauses. Die Besucher erkennen Stück für Stück: Bis das Fahrrad so aussah, wie wir es heute schätzen, und funktionssicher und schnell wie ein zeitgenössisches E-Bike wurde, dauerte es viele Jahrzehnte. Das zeigt ein kurzweiliger Gang durch die 18 Museumsräume, in denen die verschiedenen Entwicklungsstufen des Fahrrads im Original stehen.

Am Schluss begegnen ergraute Radfans den Helden ihrer Jugend wieder. In den frühen 1970er-Jahren war es für die einen das praktische Klapprad, das man in Bus und Auto mitnehmen konnte – und für die anderen das coole Bonanzarad, mit dem man an der Eisdiele für Furore sorgte. Und tatsächlich, da steht ein topgepflegter Youngtimer dieser Gattung im Museum: ein High-Riser in grellem Orange mit Bananensattel, Chopper, 3-Gang-Shiftschaltung und Fuchsschwanz – und treibt einem ein breites Grinsen ins Gesicht. Ganz klar: Dieses Museum ist ein Glücksort.

- Deutsches Fahrradmuseum, Heinrich-von-Bibra-Straße 24, 97769 Bad Brückenau, Tel. (0 97 41) 93 82 55, www.deutsches-fahrradmuseum.de
- ÖPNV: Bus 8054, Expressbus 8113 von Fulda nach Bad Brückenau, Haltestelle Staatsbad Schlosspark

FAHRRAD

Große Reise zum Meer

23 Die Fuldaquelle auf der Wasserkuppe

Hessens längster Fluss, die Fulda, entspringt auf Hessens höchstem Berg, der Wasserkuppe. Das können sich Schüler gut merken, wenn sie im Sachunterricht etwas über die Geografie der näheren Umgebung lernen. Aus der Zeit, als dieses Schulfach noch „Heimatkunde" hieß, stammt eine Tafel des Rhönklubs an der Fuldaquelle, auf der folgendes Gedicht steht: „Hier halte Rast! Dich labt die Quelle der Fulda, die mit klarer Welle den Berggruß rauschend trägt einher, sie wächst, zur Werra hingezogen, zum deutschen Strom und senkt die Wogen als Weser schiffbelebt ins Meer."

Für heutige Schüler müsste man diese Verse wohl nüchterner formulieren, damit sie verstehen, was der Dichter uns sagen will. Also ungefähr so: Netter Ort für eine Pause! Hier ist die Quelle der Fulda, deren Wasser mit der Werra zusammenfließt und die Weser bildet – ein Strom, auf dem Schiffe bis zur Nordsee fahren. Lyrischer ausgedrückt steht das wiederum auf einem anderen Stein, 220 Fließkilometer nördlich in Hannoversch Münden: „Wo Fulda sich und Werra küssen, sie ihren Namen büßen müssen ..."

Aber gehen wir von der Mündung zurück an die Quelle: Am Parkplatz unterhalb der Wasserkuppe an der Straße nach Gersfeld tritt die Fulda in Basaltstein gefasst ans Tageslicht. Das klare Quellwasser rinnt in dünnem Strahl vorbei an einem Rastplatz mit Bänken – mit herrlicher Aussicht in die Rhön. Das talabwärts fließende Bächlein verliert man schon bald aus den Augen. Es wächst zum Fluss, der sich auf die Reise nach Gersfeld, Eichenzell, Fulda, Bebra, Kassel und weiter zum Meer begibt. Schlaumeier wissen natürlich, dass die richtige Fuldaquelle in Wahrheit nicht an dieser Einfassung, sondern etliche Meter höher in Gipfelnähe liegt. Dort sickert das Wasser unspektakulär aus der Erde und wird über Rohre weitergeleitet. Aber das ist eigentlich egal. Was zählt, ist der Wille zur Gestaltung. Und der ist seit 100 Jahren an der beschilderten Stelle klar erkennbar, wo die Fulda „mit klarer Welle den Berggruß rauschend trägt".

- Fuldaquelle, 36129 Gersfeld, www.wasserkuppe.net/fuldaquelle
- ÖPNV: Bus 35, 37, Haltestelle Wasserkuppe (rund 10 Minuten Fußweg)

Keller unterm Dach

24 Weinmanufaktur am Bad Kissinger Rosengarten

Weil es in Bad Kissingen nicht nur Heilwasser, sondern auch hervorragenden Wein gibt, sollte man bei einem Besuch nicht auf das edle Tröpfchen verzichten. Moment mal – Wein aus der Rhön? Wir befinden uns ja immerhin in einer rauen Mittelgebirgslandschaft! Gedeihen dort tatsächlich Rebstöcke? Ja, das tun sie in der Tat: in Hammelburg, an den Ausläufern der bayerischen Rhön und an der fränkischen Saale gelegen. Der Glücksort darf sich aufgrund einer Urkunde aus dem Jahr 777 „älteste Weinstadt Frankens" nennen. Dort ist ein Weingut namens Weinwerk zu Hause, das in Bad Kissingen in der Weinmanufaktur am Rosengarten eine Schankstätte betreibt.

In dem altehrwürdigen Gebäude mit der markanten Kuppel geht alles ein bisschen anders zu als gewohnt. Denn nicht im Keller, sondern auf dem Dachboden stehen die Fässer, in denen der Wein gelagert wird. Große Edelstahltanks ragen ins Dach des Hauses, der Traubensaft aus Hammelburg wird ins zweite Obergeschoss gepumpt und dort vinifiziert. In der Schatzkammer daneben reifen die fränkischen Rotweine in Barriquefässern. Eindrucksvolle optische Effekte bietet feiernden Gästen eine Wand aus 1000 hinterleuchteten grünen Weinflaschen. Getrunken und gegessen wird ansonsten im Erdgeschoss. Über eine Stahltreppe, die an einen Korkenzieher erinnert, sind die oberen Stockwerke zu erreichen. Dazwischen eine Terrasse für Wein- und Tapasgenießer, die an lauschigen Abenden eine wunderschöne Aussicht auf Fluss und Rosengarten erlaubt.

TIPP

Im Sommer trifft man sich zum „Brückenschöppeln" in der nahen Vinothek auf der Ludwigsbrücke.

Das historische Gebäude, früher ein Ausstellungspavillon für Kunstobjekte, bildet mit der rot leuchtenden Kuppel ein Wahrzeichen, das niemand übersehen kann. „Das wollten wir erhalten", sagt Inhaberin Kathrin Baier-Buttler, die zusammen mit ihrem Ehemann, dem Architekten Stefan Buttler, Umbau und Sanierung bewältigte und die gastronomische Einrichtung, Denkmalschutzauflagen und die Bedürfnisse ihres Weinwerks unter einen Hut brachte. Ein Glücksort, der Weingenuss auf drei Ebenen ermöglicht.

● Weinmanufaktur am Rosengarten, Balthasar-Neumann-Promenade 10, 97688 Bad Kissingen, Tel. (09 71) 71 87 87 37, www.weinwerk-hab.de/weinmanufaktur ● ÖPNV: Bus 2, 8189, 8190, Haltestelle Theresienstraße (3 Minuten Fußweg)

TASTING
WEINS

Im Zeichen der Ziege

25 Berggasthof mit Topaussicht: Sennhütte Rhön

Gleich müsste Heidi mit dem Almöhi und dem Geißenpeter um die Ecke kommen. Auch wenn wir hier nicht in der Schweiz, sondern in der Rhön sind. Die Sennhütte wäre was für die Helden der Alpenlandsaga von Johanna Spyri. Echtes Almglück stellt sich beim Blick aus dem Fenster des Berggasthofs ein: Natur, so weit das Auge reicht, grüne Wiesen, am Horizont die Bergketten. Nicht ganz so hoch wie in Graubünden, aber dafür ist die Sennhütte Rhön wesentlich komfortabler als die Schweizer Heidi-Alm.

Ein Ort zum Glücklichsein ist der Berggasthof auf jeden Fall. In Alleinlage auf 753 Höhenmetern inmitten des Biosphärenreservats unterhalb des Schwarzen Moors gelegen bietet das Hotel Ruhe und Erholung für Wanderer im Zeichen der Ziege. Denn Ziegenporträts begegnen einem im Haus auf Schritt und Tritt. Zum Beispiel im Komfort-Ziegenzimmer, wo eine Gehörnte in Filz über dem Doppelbett prangt. Oder unter der Zimmernummer, wo ein Geißbart die gebuchte Kategorie anzeigt.

Tatsächlich ist der Name Sennhütte nicht einfach nur ein gelungener Marketing-Gag, sondern gründet auf der Tradition des Hauses als Schutzhütte auf den Huteweiden der Hochrhön. Besonders zur Heuernte diente die Hütte Bauern aus Fladungen als Unterkunft, die es ermöglichte, mühselige Anfahrten aus dem Tal mit den langsamen Kuhgespannen zu vermeiden. Später wurden daraus Schlafgelegenheiten für Sommerfrischler. Professioneller wurde die Beherbergung ab den frühen 1960er-Jahren: In verschiedenen Ausbaustufen entstanden Gasthof und Hotel. Der Betrieb mit inzwischen 28 Zimmern und einer guten regionalen Küche wird von der Inhaberfamilie Klingenberg in vierter Generation geführt.

Die Sennhütte ist übrigens nicht nur etwas fürs sommerliche Urlaubsvergnügen. Im Winter finden Skilangläufer direkt vor der Haustür gut gespurte Loipen vor. Nach dem sportlichen Einsatz geht es dann in die hauseigene Sauna, zum Essen ins Slow-Food-Restaurant und zum erholsamen Schlafen in die Ziegenzimmer. Der Geißenpeter lässt grüßen.

- Berggasthof & Hotel Sennhütte, Sennhütte 1, 97650 Fladungen, Tel. (0 97 78) 9 10 10, www.sennhuette-rhoen.de
- ÖPNV: Hochrhönbus 8305 (Mai–Okt.), Haltestelle Sennhütte

Das schönste Barockcafé

26 Eine Tasse Kaffee im Meininger Schloss

Die leckersten Torten, die schönste Aussicht, den besten Kaffee – hier geht es um nicht weniger als all dies. Ob das Turmzimmer im Meininger Schloss Elisabethenburg nun wirklich „das schönste Barockcafé Europas“ beherbergt, wie auf einer Tafel zu lesen ist, lässt sich objektiv kaum feststellen. Aber egal, ob man diesem Superlativ zustimmt oder nicht, ein Glücksort ist es allemal.

Also hinein in die thüringische Residenz. Wer will, kann einen gläsernen Aufzug bis fast in den dritten Stock nehmen, über dem das Café ist. Ansonsten geht es Schritt für Schritt über in Jahrhunderten ausgetretene Treppenstufen vorbei an der umfangreichen Kunstsammlung, die auf 3500 Quadratmetern in 52 Museumsräumen präsentiert wird. In den ehemaligen Gemächern von Herzog Georg II. von Sachsen-Meiningen und seiner Gattin warten Kunstschätze. Es gibt viel zu sehen: Zu den Exponaten in Salons und Vitrinen gehören frühneuzeitliche Foltergeräte ebenso wie alte Musikinstrumente. Doch der Höhepunkt kommt noch. Ganz oben im Turm entschädigt eine Vitrine mit Ausblick auf die Kuchenauswahl für die Mühen des Aufstiegs. Hausgemachte Köstlichkeiten wie die Limetten-Joghurt-Torte, der Käse- oder der Marzipankuchen wollen ausgesucht werden. Dann erst öffnet sich die Tür zum barocken Hessensaal und der Cafébesucher wird gewahr, in welch feierlicher Umgebung das Genusserlebnis stattfinden wird: Ein lichter verspiegelter Saal mit stuckverzierter Decke, die Tische mit den Polsterstühlen sind gruppiert um eine kreisrunde Mitte, die den Blick tief ins barocke Treppenhaus fallen lässt. Dazu die exklusive Fensteraussicht über die Dächer von Meiningens Altstadt. Das Ambiente ist kaum zu übertreffen.

TIPP
Fledermausbecher mit Pfefferminzlikörеis, Sahne und Schokolade probieren.

Jetzt muss man sich nur noch für eine der vielen Kaffeespezialitäten entscheiden, die in der Karte aufgelistet sind, und alsbald werden Kaffee und Kuchen von freundlicher Hand serviert. Wer hat nun das schönste Barockcafé Europas? Wien, Paris – oder Meiningen? Hier oben fällt die Antwort leicht.

● Turmcafé im Hessensaal, Schlossplatz 1, 98617 Meiningen, Tel. (0 36 93) 88 10 36
www.meiningermuseen.de
● ÖPNV: Bus 17, 408, 409, Haltestelle Klostergasse

Katholische Rhön

27 Kirche, Heilige und Wunder in Bremen

In Bremen an der Weser steht der Roland auf dem Marktplatz. In Bremen in der Rhön begrüßt der heilige Josef Durchfahrende an der Hauptstraße. Die Namensgleichheit des kleinen Ortsteils von Geisa in Thüringen mit der großen Hansestadt im Norden kann niemand erklären. Und auch die beiden Figuren haben nichts gemein: Roland steht für Marktrechte und städtische Freiheit, Josef hingegen, der den Jesusknaben auf dem Arm trägt, ist ein sichtbares Zeichen für die katholische Frömmigkeit des Dorfes.

Sonntagmorgens strömen die Bewohner mit dem Gotteslob in der Hand der Kirche zu. In der barocken Saalkirche St. Jakobus der Ältere empfangen die Kinder der Gemeinde am Weißen Sonntag ihre erste Kommunion – eine Tradition, die hier im Herzen der katholischen Rhön noch selbstverständlich ist. Kein Wunder: Die Bremer Gemeinde führt ihre Geschichte schon auf die Anfänge der Christianisierung durch das Kloster Fulda im Jahr 744 durch Bonifatius zurück. Bereits 1341 besaß der Ort eine eigene Kirche.

Vieles in Bremen dreht sich noch heute um jahrhundertealte fromme Bräuche. Etwa die Tradition des Pilgerns: In der Pfarrkirche können Wanderer, die auf dem Jakobsweg von Eisenach nach Frankfurt – einem deutschen Zubringer nach Santiago de Compostela – unterwegs sind und dabei durch Bremen kommen, sich einen Pilgerstempel abholen. Und es gibt eine Lourdesgrotte am Wartberg nahe Bremen. Vielleicht lässt sich hier sogar auf Wunder hoffen? Von einer ausgeprägten Spiritualität jedenfalls zeugt auch ein Aushang im Schaukasten der katholischen Kirchengemeinde des 300-Seelen-Dorfs: „Einmal Himmel und zurück“ ist die Geschichte einer Frau überschrieben, die von einer Nahtoderfahrung berichtet. Bei einer Lesung gibt die Autorin Einblick in das Leben nach dem Tod. Auch ein Gang über den Friedhof des Ortes erzählt viel über den Glauben der Bewohner von Bremen, die bis 1990 im DDR-Sperrgebiet an der innerdeutschen Grenze lebten und erst nach der Wende wieder uneingeschränkt katholisch sein durften.

● Kirche St. Jakobus der Ältere, Bremer Hauptstraße 17, 36419 Geisa-Bremen
www.bistum-fulda.de
● ÖPNV: Bus 112, Haltestelle Bremen

Moor and more

28 Unterwegs im Schwarzen Moor

Im Schwarzen Moor ist der Weg das Ziel. Das wird schnell klar, wenn man mit Natur- und Landschaftsführer Eberhard Maisch aus Fladungen die fast 3 Kilometer lange Runde über den Bohlensteig geht. Ein wunderbares Erlebnis, vor allem wenn dem Wanderer bewusst ist, dass 95 Prozent der Hochmoore in Deutschland verschwunden sind. Immer wieder hält Maisch an und erklärt, was die kleine Gruppe in dem Rhöner Biotop sieht oder sehen sollte.

Auch Fragen werden gern beantwortet. Was ist überhaupt ein Moor? „Nass, nährstoffarm und sauer", so der Führer in seiner knappen Art. „Damit müssen Pflanzen und Tiere zurechtkommen." So ist das also. Wie tief ist das Moor? 8 Meter ist die Torfschicht dick, für 1 Meter Wachstum braucht es 1000 Jahre. Wann ist das Moor also entstanden? Nach der letzten Eiszeit, vor etwa 12.000 Jahren. Staunend schreitet man mit knirschenden Sohlen weiter über die Holzbohlen.

Der Mann im Wanderoutfit mit Rucksack und Kappe kennt sich aus mit „Moor and more". Ohne seine sachkundige Führung wäre dem unbedarften Moorwanderer manches verborgen geblieben. Maisch weiß zum Beispiel, wie Moorleichen aussehen, wenn man sie nach Jahrzehnten aus dem Feuchten zieht – nur die Zähne haben sich aufgelöst. Er kennt die Stellen am Weg, wo der seltene Sonnentau wächst – eine fleischfressende Pflanze, die mit ihrem klebrigen Schleim Fliegen fängt. Und er kann verstehen, warum das aus Schweden importierte Birkhuhn sich in der Rhön nicht mit dem hiesigen Bestand vermehren will – der Lebensraum schrumpft.

Dabei wurde das 66 Hektar große Schwarze Moor schon frühzeitig unter Naturschutz gestellt, nachdem sich der Torfabbau durch die Moorsoldaten des Reichsarbeitsdiensts in den 1930er-Jahren als unwirtschaftlich erwies. Die Natur konnte so erfolgreich bewahrt werden. Manchmal sind dazu heute auch Tricks vonnöten: „Vorsicht Kreuzottern!" steht auf einem Schild neben dem Weg, das Besucher warnt, den Holzweg bloß nicht zu verlassen. „Die fressen einen Mann pro Monat", grinst Maisch.

● Schwarzes Moor, Parkplatz Schwarzes Moor 1 (an der Kreuzung St 2288 und 2287), 97650 Fladungen, Führungen im Biosphärenzentrum Haus der Langen Rhön, Tel. (0 97 74) 91 02 60, www.biosphaerenreservat-rhoen.de
● ÖPNV: Bus 8012, Hochrhönbus 8305 (Mai–Okt.), Haltestelle Dreiländereck/Schwarzes Moor

Unter Dampf

29 Im Rhön-Zügle ins Freilandmuseum

Das ist doch mal eine stilvolle Anreise ins Museum! Die Dampflok des Rhön-Zügle faucht und zischt, als sie in den Bahnhof Fladungen einfährt und mit quietschenden Bremsen auf dem Gleis zum Stehen kommt. Alle aussteigen! Aus den historischen Waggons, den Donnerbüchsen, klettern Familien auf den Bahnsteig. Von Mellrichstadt aus sind die Bahngäste in einer 45-minütigen Nostalgiefahrt durch die malerische Landschaft des Streutals ins Fränkische Freilandmuseum nach Fladungen gereist. 18 Kilometer unter Dampf: eine gemütliche Glücksreise.
Vor Ort geht der Ausflug in die Vergangenheit weiter. Denn das Fränkische Freilandmuseum im Dreiländereck Bayern, Hessen, Thüringen lädt ein zu einem Erlebnisrundgang durch 350 Jahre regionale Geschichte. Wie die Rhöner in ihren Dörfern gewohnt und gearbeitet haben, kann man in den zahlreichen Häusern, Mühlen, Werkstätten, Höfen, Ställen und Scheunen sehen, die hier wiederaufgebaut und zu einem Freilichtmuseum gruppiert wurden. 1,5 Stunden sollte man für einen Besuch des weitläufigen Geländes einplanen. Kulturvermittler und Museumspädagogen geben sich große Mühe. An Backtagen duftet es im ganzen Dorf nach frischem Brot und man lernt den Blechkuchen Rhöner Ploatz kennen. Oder man darf in der Bauernküche Rezepte aus alten Kochbüchern nachkochen und am Ende selbst probieren, wie Mehlklöße mit Hutzeln oder Schaumbiersuppe schmecken. Manchmal kann man auch den Unterricht in der Dorfschule so miterleben, wie er für Uroma und Uropa aussah.

TIPP
Im Museumswirtshaus gibt es fränkische Spezialitäten „mit ungarischen Anspielungen“.

Besonders interessant für Kinder und Jugendliche: Sie können auf einer Museumsrallye das Areal auf spielerische Art und Weise mit dem eigenen Smartphone entdecken. Dabei folgen sie einem Zeitreisenden, der seinen Weg in die Gegenwart sucht. An zehn Stationen geben historische Figuren in Videoclips Hinweise, mit denen der Zeitreisende zurück in seine Heimat gelangt. Aber natürlich können sich Besucher das Ausgestellte auch ganz konventionell mit eigenen Augen oder mit dem Audioguide erschließen.

- Fränkisches Freilandmuseum Fladungen, Bahnhofstraße 19, 97650 Fladungen, Tel. (0 97 78) 9 12 30, www.freilandmuseum-fladungen.de
- ÖPNV: Hochrhönbus 815, Streutalbus 8153 (Mai–Okt.), Haltestelle Fladungen Rathaus

P
che Reichsbahn
7373
Wasser
Kohle
Rbd.Nürnberg
Gt 33.12
G-P)
Letzte Br Unt EWK 13.9.14

Frühstück im Apollosaal

30 Im Fuldaer Maritim-Hotel am Schlossgarten

Wo ist der Himmel prächtiger: über der Wasserkuppe, dem höchsten Berg der Rhön, wenn nachts die Sterne blinken? Oder im Apollosaal der Orangerie in Fulda, wenn die Hotelgäste unter dem barocken Deckenfresko von Emanuel Wohlhaupter morgens ihr Frühstück einnehmen? Naturliebhaber und Kulturgourmets können über diese Frage trefflich streiten.

Während die einen im kalten Höhenwind die unendliche Weite des Weltalls bestaunen, verfolgen die anderen im behaglichen Restaurant mit einem Marmeladenbrötchen in der Hand den Weg des Sonnengottes Apoll, der auf seinem Wagen den Himmel von Osten nach Westen durchmisst. Auf seiner täglichen Reise bewegt er sich in dem scheinbar himmelhoch gewölbten Raum über den Kronleuchtern zwischen vier angedeuteten Kontinenten. Ein herrliches Kunstwerk! Beim Blick nach oben haben die Augen der Gäste viel zu erfassen, denn zwischendurch gilt es ja noch, Wurst und Käse, Früchte und Müslis, Kaffee und Sekt auf dem üppigen Büfett zu checken und das Kauen nicht zu vergessen.

Ein Frühstück im Apollosaal ist auf jeden Fall eine himmlische Erfahrung für alle, die von hier aus zu einem Ausflug in die nahe Rhön starten möchten. Zuvor jedoch sollte man die Highlights der Stadt Fulda mitnehmen. Vor den Fenstern der Orangerie die Blumenbeete, Wege und Wasserspiele des herrlichen Schlossgartens, der 2023 wieder einmal umgestaltet wurde, um ihn seiner barocken Urform näherzubringen. Gegenüber wartet der Fuldaer Dom auf einen Besuch, in Anspielung auf das große Vorbild in Rom auch „kleine Peterskirche" genannt. Direkt daneben die Michaelskirche, eines der ältesten Sakralgebäude Deutschlands. Ein paar Schritte weiter und man steht vor der Statue des Bonifatius, des in Fulda beigesetzten „Apostels der Deutschen". Man überquert die Straße, wenn an der Ampel das einzigartige grüne Männchen mit dem Bischofsstab aufleuchtet. Und weil der blaue Himmel über Fulda Glück verspricht, geht's weiter zu einem Bummel durch die vielen netten Läden und Cafés der lebendigen City.

TIPP

Zur Mittagspause und zu Kaffee und Kuchen lädt der Apollosaal ebenfalls ein.

- Maritim Hotel Am Schlossgarten, Pauluspromenade 2, 36037 Fulda, Tel. (06 61) 28 20, www.maritim.de
- ÖPNV: Hauptbahnhof Fulda (rund 15 Minuten Fußweg)

13

Wildromantische Schlucht

31

Abenteuerlicher Abstieg nach Gersfeld-Sandberg

Wenn eine Landschaft als „wildromantisch“ beschrieben wird, dann ist meist gemeint, sie sei naturbelassen, urwüchsig, schön und berührend. Im Deutschen Wörterbuch der Brüder Grimm findet sich das Adjektiv mit Verweis auf Dichtergenies wie Annette von Droste-Hülshoff und den Grafen von Moltke. Schon 1802 benutzt Johann Gottfried Seume das Wort im berühmten Reisebericht „Spaziergang nach Syrakus“, der seine neunmonatige Wanderung von Grimma nach Sizilien beschreibt: „... der Weg windet sich sehr wildromantisch in einer Felsenschnecke hinunter.“

Was die Kaskadenschlucht bei Gersfeld angeht, kommt kein Wanderführer ohne die Charakterisierung „wildromantisch“ aus. Was ist gemeint? Durch dichten Buchenwald schlängelt sich der Feldbach vom Roten Moor hinunter bis in den Gersfelder Ortsteil Sandberg. Dabei hat das Rinnsal im Laufe der Zeit eine tiefe Schlucht in den Waldboden gegraben. Schroffe Felsen, zerklüftete Wände und umgestürzte Bäume sorgen für wilde Romantik in der Klamm. Alpenoptik kommt ins Spiel: Parallel führt ein schmaler, 1,5 Kilometer langer Serpentinenpfad über Wurzeln und Laub ins Tal, der nur mit festem Schuhwerk gut zu bewältigen ist. Will sagen: Man kann leicht ausrutschen. Den Kitzel des Abenteuerlichen steigert, dass rote Schilder vor der erhöhten Unfallgefahr durch herabstürzende Äste und umbrechende Bäume warnen: Betreten auf eigene Gefahr!

TIPP
Auch der Aufstieg in die Schlucht vom Wanderparkplatz Sandberg aus ist schön.

Auf jeden Fall ist die Kaskadenschlucht ein Stück Rhönlandschaft ohne gestaltenden Eingriff durch den Menschen, sieht man von den kleinen Brücken und Treppen ab, die immer wieder den Wasserlauf queren. Die Schlucht gehört zu den europäischen Schutzgebieten der „Natura 2000“, einem ökologischen Netzwerk, in dem der Wald seiner natürlichen Entwicklung überlassen wird. Ziel ist der „günstige Erhaltungszustand der natürlichen Lebensräume und der wildlebenden Tier- und Pflanzenarten von gemeinschaftlichem Interesse“. Klingt der Begriff „wildromantisch“ gegenüber diesem Behördendeutsch nicht ungleich schöner?

● Kaskadenschlucht, Start: NABU-Haus am Roten Moor, Wanderparkplatz Moordorf, 36129 Gersfeld oder Talstart ab Parkplatz am Ortsrand von Sandberg
● ÖPNV: Bus 37, Haltestelle Sandberg (Talstart)

Im Astronautenzimmer

32 Wasserkuppen-Hotel Peterchens Mondfahrt

Die Wasserkuppe ist der Berg der Flieger. Hier wurde vor 100 Jahren der Segelflug erfunden, im Gefolge kamen viele legendäre Flugpioniere in die Rhön und frönten ihrer Leidenschaft. Das Hotel Peterchens Mondfahrt, das ein gewisser Herr Peters 1956 eröffnete, wurde in der Nachkriegszeit zum Treffpunkt der Piloten. Der wohl prominenteste Hausgast war einer, der garantiert die weiteste Strecke von allen zurücklegt hatte: Neil Armstrong, 1969 der erste Mann auf dem Mond. Im Jahr nach der Mondlandung mit der Apollo 11 besuchte der Amerikaner die Wasserkuppe und übernachtete im Zimmer „Mondfahrt“. Wer das Glück hat, als Hotelgast ebendieses Zimmer zu bekommen, sieht sich mit Devotionalien konfrontiert, die an den Besuch des Astronauten am 9. August 1970 erinnern. An der Wand hängt ein Foto mit Widmung. Eine Zeichnung zeigt Neil mit Mond und Radom. Und ein Text erinnert an das berühmte Armstrong-Zitat: „Das ist ein kleiner Schritt für den Menschen, ein riesiger Sprung für die Menschheit.“ Ansonsten Hotel-Business as usual: Doppelbett, Bad, TV. Der Blick aus dem Fenster geht in Richtung Flugplatz. Eigentlich wollte Armstrong damals mit einem Segler von der Wasserkuppe starten, doch wegen Nebels musste er am Boden bleiben.

Noch immer zehrt das Hotel mit dem lustigen Namen vom Ruhm dieses Besuchs. Auch wenn man heute beim Frühstück im Restaurant freilich auf weniger prominente Flieger trifft, beliebt ist das Haus am höchsten Punkt Hessens bei Luftsportlern aller Couleur immer noch. Überall hängen Porträts von Menschen aus der Szene, die diesen Ort geprägt haben.

Im mehrfach ausgezeichneten Restaurant Peterchens Mondfahrt genießen aber auch Touristen mit Erdhaftung die modern interpretierte Rhöner Küche, wärmen sich im Winter am offenen Kamin und schauen beim Essen aus den Panoramafenstern in die Berge und in den Himmel. Und manchmal, wenn man ganz genau hinguckt, winkt der Mann im Mond von oben auf die Erde runter.

● Hotel Peterchens Mondfahrt, Wasserkuppe 46, 36129 Gersfeld, Tel. (0 66 54) 3 81
www.peterchens-mondfahrt.de

● ÖPNV: Bus 35, 37, Haltestelle Wasserkuppe

NASA
ARMSTRONG
To the Peterchens Mondfahrt —
With the Best Wishes of
a Fellow Soaring
Enthusiast

Alles Müller, oder was?

33 Das Weingut Müller in Hammelburg

Ein Rundum-glücklich-Angebot kann die Familie Müller in Hammelburg ihren Gästen machen. Ankommen, essen, trinken, schlafen – dabei dreht sich im ältesten Weinort Frankens alles, wen wundert's, um Wein: Weinwirtschaft, Weinhotel, Weintenne. Vater Thomas, Sohn Florian und Tochter Antonia bewirtschaften die Unternehmenszweige gemeinsam. Doch die Basis von allem ist das Weingut, das schon lange im Familienbesitz ist. Der spritzige Rebsaft kommt aus den Weinbergen rund um Hammelburg, wo Boden, Klima und Rebsorten aufeinander abgestimmt sind. „Läuft!" steht auf den Etiketten des Hausweins. Und tatsächlich, was als Cuvée in Weiß, Rot oder Rosé ausgeschenkt wird, läuft beim Trinken flott die Kehlen runter – und das Geschäft läuft mit 60.000 Flaschen Jahresproduktion für die Müllers natürlich auch. Als erstes Haus am Platze sind Weinwirtschaft und Hotel am Hammelburger Marktplatz in der Nachbarschaft vom Rathaus mit dem Treppengiebel und dem reich verzierten Renaissancebrunnen zu finden. Den Mauern der ehemaligen Bäckerei aus dem Jahr 1681 sieht man innen noch die alte Lehmbauweise an, sie erzählen von der langen Geschichte des Hauses. Die Zimmer freilich sind modern und komfortabel ausgestattet. Wer in der Gaststube bei einer Weinprobe sitzt, darf sich über die Hammelburger Spezialität Dätscher freuen, die zum Silvaner gereicht wird – ein dreieckiges Gebäckteil aus dunklem Roggenbrotteig, bestreut mit grobem Salz und Kümmel. Wer mehr Nichtflüssiges braucht, kann auch eine fränkische Brotzeitplatte an den Tisch bestellen.

Weil die Familie Müller nicht stehen bleibt, sondern weiterdenkt, hat sie ein Großprojekt in Angriff genommen. Und das hat selbstredend mit Wein zu tun. Die neue Weintenne eröffnet 2024 als moderne Location in den Weinbergen vor den Toren der Stadt. In dem lichtdurchfluteten Gebäude treffen sich größere Gruppen zum Feiern, aber auch Einzelwanderer finden einen schönen Rastplatz, wo sie sich am Kiosk mit einem schnellen Schoppen versorgen können.

- Weingut, Weintenne, Weinwirtschaft, Weinhotel Müller, Am Marktplatz 12, 97762 Hammelburg, Tel. (0 97 32) 7 87 70, www.muellerswein.de
- ÖPNV: Bus 8141, 8166, Haltestelle Am Marktplatz

Kino unter Sternen

34

Nostalgische Rhön-Lichtspiele in Bad Brückenau

Wie sieht ein Samstagabend im 6000-Einwohner-Städtchen Bad Brückenau aus? Man kann die Freunde ins Auto packen und 35 Kilometer über die A7 nach Fulda brettern, um dort im gläsernen Filmpalast Action, Horror oder Fantasy zu erleben: 21 Filmprogramme, in einem von acht Kinosälen läuft immer was Passendes. Man kann aber auch in der heimischen Altstadt bleiben, den schmalen Gang unter der Leuchtschrift „Rhön Lichtspiele“ entern, in weichem Plüsch versinken und gemütliches Kinoglück unter blauem Sternenhimmel finden.

An der Kasse begegnet man Carola Berner-Löhmer, die den Familienbetrieb seit vielen Jahren führt. Sie verkauft Karten für Parkett oder Balkon, Popcorn und Cola, drückt auf ein paar Knöpfe und setzt damit ein Ritual in Gang, das schon die Kinder und Enkel der Besucher nicht anders kannten. Der Gong ertönt, Lampen werden gedimmt, der Vorhang vor der Leinwand öffnet sich und der Sternenhimmel strahlt auf, bevor die Vorschau startet. Zum Hauptfilm verstummen die Gespräche, alles schaut gebannt nach vorn, für 2 Stunden verzaubern Töne, Farben und Emotionen die kleine Kinogemeinde.

Seit 100 Jahren gibt es die Rhön-Lichtspiele, Paul Löhmer sen. startete 1924 mit dem Stummfilm „Das schöne Mädchen“. Ein paar Jahre später brach das Tonfilmzeitalter in Bad Brückenau an. Im noch heute bestehenden Gebäude wurde 1935 zur Premiere der „Königswalzer“ mit Curd Jürgens gezeigt. Der „Brückenauer Anzeiger“ schrieb: „Der schmucke Neubau der Rhön-Lichtspiele kann sich jedem Lichtspieltheater einer Großstadt an die Seite stellen.“

Im Laufe der Jahrzehnte halten die Betreiber technisch Schritt: Dolby Surround und 3-D-Effekt sind längst Standard. Dabei wird das nostalgische Ambiente mit den roten samtbespannten Wänden nicht aufgegeben. Immer mehr Bad Brückenauer wissen inzwischen zu schätzen, was sie an ihren Rhön-Lichtspielen haben. „Ein Superkino und so gemütlich, von netten Menschen geführt – schön, dass es euch gibt“, lautet ein Eintrag im Gästebuch.

TIPP

Nach dem Kino nebenan in Die Klappe auf ein Rhöner Bier namens „1718 – der fröhliche Schluck“.

- Rhön Lichtspiele, Altstadt 8, 97769 Bad Brückenau, Tel. (0 97 41) 22 79 www.kino-bad-brueckenau.de
- ÖPNV: Bus 8054, 8056, Bahnhof Bad Brückenau (10 Minuten Fußweg)

RHÖN-LICHTSPIELE

Trutzig und uneinnehmbar

35

Die Kirchenburg Ostheim ist toperhalten

Wenn Kinder mit Bauklötzen eine Burg bauen, dann sieht sie meist genauso aus wie der Grundriss der Kirchenburg Ostheim: archaisch, massiv, hermetisch. Deutschlands größte erhaltene Kirchenburg entstand im 15. Jahrhundert, misst 75 Meter im Quadrat, besitzt einen doppelten Mauerring, vier hohe Ecktürme und ein Tor als Zugang zur Stadt. Im Zentrum der Anlage steht die Stadtkirche St. Michael, ein lutherisches Gotteshaus mit 1000 Sitzplätzen. Steht man mittendrin, fällt die Orientierung zunächst schwer. Am besten kann man die gewaltige Burganlage erfassen, wenn man von oben auf den Komplex schaut.

Museumsaufseherin Ingrid Schmidt macht das möglich. Die freundliche Dame, die die Eintrittskarten verkauft, geht den Wehrgang entlang und schließt den Waagglockenturm auf, in dem sich auch die historische Turmuhr befindet. Über uralte Holzstufen kann man bis unters Dach des Fachwerkaufbaus klettern und aus den Fenstern in alle Richtungen sehen. Ziemlich uneinnehmbar wirkt die Kirchenburg noch heute, die im Zentrum über den roten Dächern des mittelalterlichen Stadtkerns thront.

Wozu brauchten die Ostheimer ein solches Bollwerk gegen die Außenwelt?, fragt sich der Tourist. Hatten sie viele Feinde? Waren sie außergewöhnlich ängstlich? Oder besonders reich? Klar ist: Im Mittelalter, und erst recht in der Zeit des Dreißigjährigen Krieges, war das Sicherheitsbedürfnis der Menschen nicht grundlos ziemlich ausgeprägt. Belagerungen, Plünderungen und Zerstörungen waren jederzeit eine reale Gefahr. Im Kirchenburgmuseum erfährt man dazu Näheres. Zufluchtsorte wurden also dringend benötigt, und Kirchenburgen gab es in Franken und Thüringen vielerorts. Erhalten und vorzeigbar aber ist nur die in Ostheim. Noch heute nutzen übrigens manche Ostheimer Bürger einen der 66 Gewölbekeller auf der Burg als Lager für ihre persönlichen Vorräte. Auch davon können sich Besucher überzeugen, wenn sie die Stufen in einen dieser Keller hinuntersteigen.

TIPP

Am ersten Junisamstag verwandelt der Blumenmarkt Fleurs & Flair die Kirchenburg in ein Blütenmeer.

● Kirchenburg Ostheim, Friedenstraße 7, 97645 Ostheim v. d. Rhön, Tel. (0 97 77) 4 71, Führungen Tel. (0 97 77) 18 50, www.lebendige-kirchenburg.de
● ÖPNV: Streutalbus 8153 (Mai–Okt.), Haltestelle Ostheim Rathaus

Steinreich und bettelarm

36 Sozialkunde im Rhöner Museumsdorf Tann

Das Glück der kurzen Wege findet man in Tann. Wer nicht in eine Halbtages-Exkursion investieren möchte, um im Fränkischen Freilandmuseum Fladungen Rhöner Kulturgeschichte auf einem weitläufigen Freilichtareal zu erkunden, dem sei ein Besuch im Museumsdörfchen Tann empfohlen. Ganz kompakt präsentiert es heimische Tradition und Baukunst gleich hinter der Touristinfo mit dem Naturmuseum, wo man auch die Eintrittskarten kauft. Damit kann man dann kurz mal in die Welt der guten alten Rhön vor 200 Jahren abtauchen.

Auf dem Gelände zweier abgebrannter landwirtschaftlicher Anwesen wurden in der 1970er-Jahren drei zerlegte Rhönhöfe mit Nebengebäuden aus anderen Orten wiederaufgebaut. Es ist leicht zu erkennen: Die sehr unterschiedlichen Immobilien spiegeln den Lebensstandard dreier sozialer Gruppen wider und geben ein Bild davon ab, dass es auf der Reichtumsskala früher nicht viel anders als heute aussah.

Der Dreiseithof war etwas für die wohlhabende Bauernfamilie – relativ viel Platz, gediegene Annehmlichkeiten durch die Ausstattung mit Hausrat, Möbeln und Gerätschaften. Im Zweiseithof, der in dieser Form im 18. Jahrhundert in Hofbieber-Mittelberg errichtet wurde, hatte ein weniger gut gestellter Bauer mit seiner Sippe und den Tieren sein Auskommen. Im Keller des Hauses sind heute eine Schnapsbrennerei und eine Apfelweinkelterei ausgestellt, das wird früher nicht so gewesen sein. Die ausgestellten Vogelkäfige weisen vielmehr auf einen anderen Nebenerwerb hin: Sie stammen vom letzten Dompfaffhalter aus Trätzhof.

Last, but not least: Im ärmlichen Hüttnerhof hausten die Angehörigen der bäuerlichen Unterschicht räumlich gedrängt beisammen. Neben ihrer kleinen Landwirtschaft übten sie oft noch ein Handwerk aus – vielleicht eine Schusterwerkstatt.

Apropos kurze Wege: Zu den Tanner Museen gehört noch die Alte Schmiede in der nahen Schlossstraße, wo früher die Pferde beschlagen wurden. Und in der gleichen Straße liegt das Fossilienmuseum Stein-Reich mit Funden aus der Zeit, als die heutige Rhön noch unter Wasser lag.

- Rhöner Museumsdorf, Marktplatz 6, 36142 Tann, Tel. (0 66 82) 96 11 27 https://tann-rhoen.de/tourismus-und-kultur/tanner-museen
- ÖPNV: Bus 20, 32, 110, Haltestelle Stadttor

Kultgetränk Apfelsherry

37

Magische Momente in Krenzers Rhön

Krenzers Rhön – das Genitiv-S lässt aufhorchen. Hat da einer die Region für sich gepachtet? Oder hat er einen ganz speziellen Blick auf die geliebte Heimat? Oder ist Jürgen H. Krenzer aus Ehrenberg-Seiferts einfach ein genialer Marketingstratege, der weiß, wie man das Beste aus der Rhön gut verkaufen kann? Von allem etwas. Der Chef des kleinen Imperiums, bestehend aus Apfelweingut, Biohof, Hotel und Ladengeschäft, steckt voller Überraschungen und innovativer Ideen.

Als Gastgeber folgt Krenzer konsequent dem Motto: „Beschäftige den Gast, sonst beschäftigt er dich." Eine seiner Urlaubsideen ist deshalb ein Wanderwochenende unter der Überschrift „Magische Momente". Das läuft so ab: Zur Begrüßung gibt's für die Gäste am Freitagabend erst mal ein edles Tröpfchen, nämlich Apfelsherry. Das alkoholhaltige Kultgetränk hat Krenzer vor Jahren selbst erfunden und zum Kernprodukt seiner Welt gemacht. Alte Rhöner Apfelsorten in Bioqualität und eine lange Reifung im Keller sind das Geheimnis der nicht ganz billigen Spezialität. Bei Kennern sind die verschiedenen Sorten von extra trocken bis edelsüß und die diversen Jahrgänge des Apfelwinzers beliebt und begehrt.

TIPP

Der alkoholfreie Apfelsecco „Rosa küsst Johann" gehört zu Krenzers Sortiment.

Am Samstag ist dann Wandertag: Die Gruppe startet nach dem Frühstück zu tierischen Bergen – Schafstein und Pferdskopf. Gerastet wird immer da, wo kulinarische Rhöner Highlights warten, zum Beispiel auf dem Biohof Gensler, der die Genusswanderer mit Holzofenbrot, Bauernhofpizza, Blechkuchen und kühlem Bier versorgt. Abends folgt dann noch eine Küchenparty, inklusive Spontankochkurs. Garantiert satt und müde fallen die Gäste ins Bett. Aber wo? Je nach gebuchter Kategorie im Wohnmobil auf dem Stellplatz, im romantischen Schäferwagen auf der Streuobstwiese oder im Rhönschaf-Hotel im komfortablen Doppelbett aus Ahornholz. Hier schlummert man ein zwischen Echtmooswänden und einer Zimmerdecke mit „Rhönesien"-Wanderkarte, die zum nächsten Ausflug in die Glücksregion animieren soll.

- Krenzers Rhön, Eisenacher Straße 24, 36115 Ehrenberg-Seiferts, Tel. (0 66 83) 9 63 40, www.krenzers-rhoen.de
- ÖPNV: Bus 30, 32, 90 (Mai–Okt. Sa./So.), Haltestelle Seiferts Ulsterstraße

krenzers kernhaus
-Lich
WILLKOMMEN
Hi!
HEISS HEISS Baby
voll KRASS, oder?
KUSS
der FRÜHe
SPÄT

Milchstraße lässt grüßen

38

Staunen in den Rhöner Sternenparkwochen

Ob das Glück in den Sternen steht, darüber kann man streiten. Wenn Astrologen die Konstellation der Himmelskörper auf das Leben der Menschen beziehen und daraus schicksalshafte Entwicklungen ableiten, ist das eine Sache. Um etwas ganz anderes geht es bei den Sternenführungen in der Rhön. Hier entsteht der Glückseffekt aus dem Blick in den nächtlichen Sternenhimmel. Denn der ist in der Rhön besonders schön, weil in der ganzen Region durch reduzierte Beleuchtung die natürliche Nachtdunkelheit bewahrt wird. Seit 2014 gibt es den Sternenpark Rhön, in dem das Motto gilt: Licht aus, Sterne an!

Jedes Jahr im Sommer finden die Rhöner Sternenparkwochen statt. Spannende Veranstaltungen rund um Sonne, Mond und Sterne laden ein, die Besonderheiten des UNESCO-Biosphärenreservats bei Nacht zu entdecken. Auf der Wasserkuppe zum Beispiel sieht man bei einer Sternenführung zu mitternächtlicher Stunde mehr als anderswo. Der helle Polarstern ist schnell geortet. Aber auch schwach leuchtende Himmelskörper sind gut zu erkennen, wenn die Blicke der Gruppe durch den astronomisch gebildeten Führer gelenkt werden. Der schickt mit seinem Laserpointer aus der Dunkelheit einen grellen Lichtstrahl auf das bekannteste Sternbild: Sieben Punkte bilden den Großen Wagen, das Trapez mit der Deichsel, darüber der Kleine Bär.

TIPP
Die Gemeinde Aura an der Saale bietet eine Sternenführung mit Mondaufgang an.

Aber auch Delfin, Eidechse, Cassiopeia, Schwan oder Luftpumpe sind mit bloßem Auge zu sehen. Eine Offenbarung: 88 Sternbilder lassen sich in der Milchstraße ausmachen, einer Galaxie aus geschätzt 100 bis 400 Milliarden Sternen. Während der kühle Nachtwind um die Radomkugel pfeift, staunen die Besucher über den milchigen Nebel am Himmel, der sich vor dem schwarzen Himmel abzeichnet. Unten im Tal leuchten mild die LED-Straßenlaternen von Fulda – die Stadt hat sich zusammen mit anderen Rhönorten verpflichtet, die Lichtverschmutzung einzudämmen. So finden alle, die ihre Augen schon geschlossen haben, erholsamen Schlaf, während die Nachtschwärmer in die Welt der Sterne eintauchen.

- Sternenparkwochen, www.sternenparkrhoen.de
- ÖPNV: Bus 35, 37, Haltestelle Wasserkuppe

Schwer zu finden

39 Rhöner Dreiländereck Hessen, Thüringen, Bayern

Das 1500 Quadratkilometer große Mittelgebirge Rhön liegt mitten in Deutschland, und zwar im Grenzgebiet der Bundesländer Bayern, Hessen und Thüringen. Erkundigt man sich vor Ort nach dem Dreiländereck, wird der Parkplatz am Schwarzen Moor oberhalb von Fladungen genannt. Doch das stimmt nicht ganz. Hier stoßen zwar die Autostraßen aus Richtung Fulda, Bad Kissingen und Meiningen zusammen, der genaue geografische Punkt ist aber woanders und nicht ganz leicht zu finden. Damit die Suche keine Glückssache bleibt, sondern eine Punktlandung wird, sollte man ein bisschen Pfadfindergeist zeigen, wenn man zu einer kleinen Exkursion zu dem alten Grenzstein aufbricht, der das Dreiländereck markiert.

Man kann in den Rhön-Rundweg 11 oberhalb von Seiferts einsteigen. Wer nicht die gesamte 9 Kilometer lange Strecke des Rundwegs laufen möchte, startet vom Parkplatz an der L 3476 aus. Auf der Talseite sind hier Mauern aus losen Steinen aufgeschüttet, die noch aus der Zeit des Reichsarbeitsdienstes stammen, als das Schwarze Moor entwässert werden sollte. Bergauf steigt man im Naturschutzgebiet am Waldrand an grün bemoosten Wurzeln vorbei, bis man auf die Hochebene des Querenbergs kommt, die einen Rundumblick freigibt.

Zugegeben: Das Ziel ist nicht spektakulär: der Grenzstein, eine Bank, ein schöner Baum – das war's. Aber historisch Interessierte werden die eingravierten Buchstaben in dem dreigeteilten Quader aus dem Jahr 1866 entziffern können. Die Initialen GSW stehen für Großherzogtum Sachsen-Weimar-Eisenach, KP für Königreich Preußen und KB für Königreich Bayern. Daneben ein Wegkreuz, dessen hölzerne Pfeiler in Richtung Thüringen, Hessen und Bayern zeigen. Ein schönes Gefühl, hier an der Schnittstelle dreier Bundesländer zu stehen, in denen sich fünf Landkreise nach langer Zeit der Trennung im Jahr 2016 organisatorisch zusammengefunden haben, um die Rhön gemeinsam als Tourismusziel zu vermarkten. Dass die Rhön zusammengehört, steht außer Frage – nicht nur am Dreiländereck.

- Dreiländereck, Rhönrundweg 11 Seiferts, Start: Parkplatz Birxgraben, 36115 Ehrenberg-Seiferts
- ÖPNV: Bus 30, 32, 90 (Mai–Okt. Sa./So.), Haltestelle Seiferts Wiesenweg

Das neue alte Museum

40 Rhönmuseum in Fladungen wiedereröffnet

Der Dornröschenschlaf begann im Jahr 2009: Damals schloss das im riesigen Fladunger Amtshaus beheimatete Rhönmuseum seine Türen für lange Zeit, um sich auf die bauliche Sanierung und einen Neustart der Ausstellungen vorzubereiten. Bereits 1921 war das Museum gegründet worden mit dem Ziel, die ganze Rhön unter einem Dach als Kulturraum zu präsentieren. Nach der Wiedereröffnung Anfang 2024 können die Besucher nun erleben, wie das moderne Konzept die Gründungsidee aufgreift. Kurz gesagt: Das neue alte Rhönmuseum kann wieder zeigen, wozu es gedacht war.

Was ist die Rhön überhaupt? Schon im Foyer wird dies sinnfällig auf den Punkt gebracht. Anstelle umständlicher Texttafeln geben drei Themeninseln greifbare Antworten: Das Rhönschaf hat die Landschaft geprägt, das Rhönrad schrieb Sportgeschichte und das Rhönlied bringt als Regionalhymne die Rhön zum Klingen. Museumsleiterin Eva-Maria König zeigt mit diesen Appetizern, wohin die unterhaltsame Bildungsreise geht: „Wir wollen nicht chronologisch durch die Geschichte führen, sondern Spotlights anbieten, die den Facettenreichtum der Rhön zeigen."

Behutsam wurde die Hülle des 400 Jahre alten Gebäudes den Belangen eines modernen Museums angepasst. Das Gestalterteam setzte auf ein Farb- und Formkonzept, bei dem Moosgrün, Basaltgrau und Himmelblau das Design dominieren. In Anlehnung an die Höhenlinien der Rhöner Berge verzichtete man auf geradlinige Räume. Auf den zwei Ebenen der Dauerausstellung finden Besucher neben Vitrinen und Einzelexponaten viele Mitmachelemente: Tastobjekte, Riechstationen, Hörspiele lassen die Rhön in all ihren Dimensionen lebendig werden.

Zum Dialog mit den Rhönern lädt ein Selbstversuch ein: Versteht man das Rhöner Platt, das Akteure an Bildschirmen von sich geben? Kann man gar ganze Sätze fehlerfrei nachsprechen? Wer tiefer eintauchen will in die Welt der Rhöner, kann Angebote der Museumspädagogik buchen: Schnitzen, Texten, Filmemachen. Das ganz große Glück verspricht das Trauzimmer, das sich ebenfalls im Museum befindet.

- Rhönmuseum, Marktplatz 1, 97650 Fladungen, Tel. (0 97 78) 74 80 70
  www.rhoenmuseum.de
- ÖPNV: Bus 8183, 8007, 8181, Streutalbus 8153, Hochrhönbus 8305 (saisonal), Haltestelle Rathaus/Fladungen

Leben am Fluss

41

Neuer Wassergarten an der Fuldaaue

Der Blick durch den Bilderrahmen offenbart den Fuldaern eine neue Sicht auf ihr liebstes Naherholungsgebiet, die Aueweiher. Schon immer ging man hier gern spazieren, saß auf einer Bank, fuhr Rad oder joggte. Das hat sich nicht geändert. Doch seit zur Hessischen Landesgartenschau im Sommer 2023 unter dem Motto „Fulda verbindet" 42 Hektar Natur und Stadtraum neu gestaltet wurden, sieht es auch in der beliebten Fuldaaue anders aus. Aus ursprünglich zwei Weihern wurde nämlich ein großer belebter Wassergarten, dessen Anziehungskraft spürbar gestiegen ist.
Die nun zusammenhängende Fläche der früher stehenden Einzelgewässer ist von besserer Wasserqualität und erfreut nach der Sanierung mit einem besseren biologischen Gleichgewicht, was sich viele Fuldaer gewünscht hatten. Neue Wege und Brücken sorgen für eine optimale Erschließung. Und auch die Optik stimmt: Von Süden aus schaut man über den glatten Seespiegel auf die historischen Bleichhäuschen am Ufer, der Blick geht weiter bis zur fernen Klosterkirche auf dem Frauenberg. Und vom anderen Ende des Wassergartens aus, wo ein neues Holzdeck als Uferbalkon mit Ruhezonen angelegt wurde, kommt in Gegenrichtung ein glückverheißender Kiesstrand am Südufer in Sicht. Hier sitzt man auf Steinen oder Baumstämmen und ruht nach der Seerunde in der Sonne aus. Mit den Füßen im kühlen Nass lässt sich der Fluss, der in der Rhön auf der Wasserkuppe entspringt und in Fulda bereits eine stattliche Größe erreicht hat, näher erleben.
Schon einmal wurden die Fuldaauen übrigens für die Stadt erschlossen. Das war 1994, als die erste Landesgartenschau stattfand und das Gebiet renaturiert wurde. Drei Jahrzehnte später griff man diesen Ansatz wieder auf und brachte Sport- und Erholungsmöglichkeiten auf einen zeitgemäßen Stand. Damals entstand auch das angrenzende Umweltzentrum Fulda, das sich bis heute mit vielfältigen Veranstaltungen für eine nachhaltige Entwicklung einsetzt. Einfach mal vorbeischauen!

TIPP

„Wasser marsch!" heißt es auch im Deutschen Feuerwehr-Museum (www.dfm-fulda.de).

● Wassergarten, Aueweiher, Olympiastraße 1, 36041 Fulda
www.tourismus-fulda.de
● ÖPNV: Bus 16, Haltestelle Aueweiher

Fürstlich wohnen

42 Im Kaiserhof Victoria in Bad Kissingen

„Glücklich machen ist das höchste Glück", stellte der Schriftsteller Theodor Fontane fest. Diesem Zitat fühlt man sich im Grandhotel Kaiserhof Victoria in Bad Kissingen verpflichtet. Nicht nur, weil einst Fontane, wie viele andere Prominente auch, hier als Kurgast logierte, sondern weil man im ersten Haus am Platze bis heute darum bemüht ist, die Gäste glücklich zu machen, indem man ihnen jeden Wunsch von den Augen abliest – so zumindest der Anspruch, an dem sich das freundliche Personal messen lassen will.

Der Glanz des 19. Jahrhunderts ist im Grandhotel von der Biedermeierfassade bis zu den prachtvollen Sälen und den 162 vornehmen Zimmern noch immer präsent. Schon die Rezeption unter der Glaskuppel im ehemaligen Palmenhaus empfängt Ankömmlinge mit jenem Flair, das früher Kaiser, Könige, Prinzessinnen, Fürsten, Gräfinnen und Barone, aber auch der Welt- und Geldadel in Bad Kissingen schätzten. Im Grandhotel genossen illustre Gäste nicht nur gesundheitsfördernde Trink- oder Badekuren, sondern trafen sich mit ihresgleichen und machten dabei mitunter europäische Politik. Die Gästeliste des Hauses lässt staunen, wer alles in Bad Kissingen war. Des Öfteren weilte auch das österreichische Kaiserpaar Franz Joseph und Elisabeth, genannt Sisi, inkognito im Haus.

Heute mischen sich Erinnerungen an die große Zeit mit zeitgemäßem Hotelkomfort. Über dem bequemen Boxspringbett hängt ein großes Sisi-Porträt in der Suite. Im feinen Restaurant stelldichein kann man das Dessert „Sisis Verführung" bestellen – dreierlei Schokoladiges mit Mousse, Eis und lauwarmer Schokotarte an Brombeeren und Vanilleschaum. Und die Wellnessangebote der hochmodernen Spa-Abteilung locken Menschen, die in weiße Bademäntel gehüllt sind, ins Wohlig-Warme. Das Glück, sich verwöhnen zu lassen, durften seit 1840 viele im Kaiserhof genießen. Das ist für alle möglich, auch wenn manche vielleicht nur im Salon eine Tasse Kaffee serviert bekommen möchten, um so die großartige Architektur von innen zu bestaunen.

TIPP

Wer den Geist der 70er mag, fühlt sich im Wellness-Hotel Frankenland wohl (www.hotel-frankenland.de).

- Grandhotel Kaiserhof Victoria, Am Kurgarten 5–7, 97688 Bad Kissingen, Tel. (09 71) 70 10, www.kaiserhof-victoria.de
- ÖPNV: RB 50, RE 57, Bahnhof Bad Kissingen (8 Minuten Fußweg)

KAISERHOF
Victoria
ELEMENTE
FÜRST

Wo der Riese kegelt

43

Wanderung zur Wallfahrtskirche Gehilfersberg

Diese Berge sind nicht die höchsten der Rhön, aber dafür sind sie in ihrer Form ziemlich markant: Hessisches Kegelspiel wird eine Reihe von Vulkanhügeln im Nordwesten der hessischen Kuppenrhön genannt. Die neun ziemlich dicht beieinanderstehenden kreisrunden Basaltkegel sollen dem Riesen Mils als Kegelbahn gedient haben, erzählt die Sage. Mit ein wenig Fantasie kann man sich vorstellen, wie er mit einer Kugel auf alle neune gezielt hat.

Etwas abseits der gedachten Kegelbahn liegt der 456 Meter hohe Gehilfersberg. Der Rasdorfer Hausberg unterscheidet sich durch seine Gipfelkirche, die den Berg schon von Weitem gut erkennbar macht. Um 1625 wurde hier die Kapelle St. Maria und 14 Nothelfer gebaut, und im Lauf der Jahre entwickelte sich der Berg zu einem der bedeutendsten Wallfahrtsorte Osthessens. Von Wundern wird berichtet, die sich unter dem Kultbild „St. Gehülf" auf dem Hochalter ereignet haben sollen. Heute zeigen dort Nachbildungen Maria mit einer bunten 14-köpfigen Heiligenschar, die von Eustachius, dem Patron der Jäger, bis zur heiligen Barbara, Beschützerin vor Gewitter, reicht. Um die Kapelle führt ein Kreuzweg mit 14 Stationshäuschen. Allerdings erfuhr der Wallfahrtsort vor Jahren eine Umnutzung zum Friedhofswald. Jetzt ist es ein beschaulicher Ort für alternative Bestattungen. An den Wurzeln von Eichen, Buchen und Linden ruhen diejenigen, die ihre letzte Reise auf den exponierten Berg angetreten haben.

Trotzdem – oder vielleicht auch gerade deswegen – ist der Gehilfersberg ein beliebtes Ausflugsziel. Wer als Wanderer die 15 Kilometer lange Extratour „Der Rasdorfer" absolviert, startet auf Hessens größtem Dorfplatz im Zentrum von Rasdorf und erlebt unterwegs immer wieder grandiose Aussichten auf das Hessische Kegelspiel. Vorbei an der Gedenkstätte Point Alpha führt der Weg zur ehemaligen Zonengrenze, auf der bis 1989 noch DDR-Grenzsoldaten Patrouille fuhren. Glücklicher als der Blick auf Stacheldraht macht aber die Sicht vom Gehilfersberg ins Tal.

- Wanderung zur Wallfahrtskirche Gehilfersberg, Start: Am Anger 32, 36169 Rasdorf, www.rasdorf.de
- ÖPNV: Bus 77, 120, Haltestelle Rasdorf Am Anger

Shoppen im Rhön-Dorf

44 Regionalladen mit heimatlichen Produkten

Rhönpaulus wurde Johann Heinrich Valentin Paul genannt. Im 18. Jahrhundert trieb er in der Gegend zwischen Dermbach und Kaltennordheim sein Unwesen. Als fahnenflüchtiger Soldat des Siebenjährigen Krieges versteckte er sich im Wald in einer Höhle, lebte von Wilddieberei, Salzschmuggel und Einbrüchen, bis er schließlich gefasst wurde und am Galgen endete. Weil er die Beute durchaus nicht immer nur für sich behielt, sondern mit Bedürftigen teilte, gilt er vielen bis heute als eine Art Robin Hood der Rhön, der den Reichen nahm und den Armen gab. Das machte ihn sogar zum Helden eines Musicals, das in Dermbach aufgeführt wurde.

Seinem Konterfei mit Schnurrbart und Spitzhut begegnet man auch im Rhön-Dorf, dem Erlebniskaufhaus mit heimatlichen Produkten in Tann-Wendershausen – und zwar gleich mehrmals. Der „Rhönräuber" zählt zu den bekanntesten regionalen Spirituosen. Und auch ein gleichnamiges Bier steht in den Regalen. Namensgeber ist in beiden Fällen natürlich der sagenhafte Rhönräuber Paulus. Darüber hinaus gibt es im Rhön-Dorf den Rhönräuberpark, in dem Kinder nach Herzenslust toben, spielen, klettern und Spaß haben können. Davon konnte der Rhönpaulus nur träumen.

TIPP
Auf der Minigolfanlage mit 14 Lochbahnen haben Familien Spaß.

Während die Kinder also beschäftigt sind, können die Erwachsenen im Regionalladen shoppen. Das Sortiment wird von vielen einheimischen Produzenten bestückt. Die Auswahl ist beträchtlich: Von A wie Apfelsaft, B wie Bier oder Bonbons, F wie Fruchtaufstrich, K wie Käse, S wie Seife oder Spirituosen und W wie Wurst oder Wein findet sich das Beste, was die Rhön zu bieten hat. Manches wird sogar vor den Augen der Kunden hergestellt – in der Bonbonfabrik oder in der Marmeladenküche kann man während der Produktionszeiten probieren. Wer nicht naschen möchte, interessiert sich vielleicht mehr für originelle Rhönsouvenirs: Kuschelschafe, Filztaschen oder Bildbände – alles da. Anders als der Rhönpaulus müssen die Kunden nach dem Beutezug durch den Laden allerdings zahlen: Am Ende führt kein Weg an der Kasse vorbei.

- Regionalladen im Rhön-Dorf, Hauptstraße 6, 36142 Tann-Wendershausen, Tel. (0 66 82) 9 70 89 11, www.rhoen-dorf.de
- ÖPNV: Bus 20, Haltestelle Wendershausen Raiffeisen

Die Rhön
ist schööön!
Die Rhön
ist schööön!

Horchposten mit Ausblick

45 Das Radom auf der Wasserkuppe

Autofahrer, die auf der A7 unterwegs sind, sehen die große Kugel auf der Wasserkuppe schon von weit her. „Wahrzeichen der Rhön“ wird das Radom genannt – Landmarke und offizielles Kulturdenkmal, das in der Nachkriegszeit als militärisches Überwachungsinstrument auf den höchsten Berg des Landes Hessen gebaut wurde. Die Wortzusammensetzung steht für „Radar“ und „dome“ (englisch: Kuppel). Die kugelförmige Hülle mit rund 20 Metern Durchmesser sollte die beweglichen Parabolantennen schützen, mit denen die Amerikaner im grenznahen Gebiet in den Ostblock hineinhorchen wollten.

Insgesamt fünf solcher Anlagen standen 1962 auf der Wasserkuppe. Später übernahm die Bundeswehr den Standort. Als die Technik Anfang des neuen Jahrtausends nach der Wiedervereinigung gänzlich außer Dienst gestellt wurde, blieb das ausgeräumte Gebäude stehen. Es war klar: Ohne Radom würde der Wasserkuppe etwas fehlen, darum wurde die zivile Weiternutzung beschlossen.

Aber ist es deswegen ein Glücksort? Für die meisten Menschen, die eine 2-Euro-Münze ins Drehkreuz zum Treppenhaus werfen, um in den Rundbau zu steigen, schon. Denn die Zeiten des militärischen Sperrgebiets sind längst Geschichte und die ehemalige Radarkuppel dient heute rein touristischen Zwecken: die 360-Grad-Aussichtsplattform mit grandioser Rundumsicht über die Rhön, Museum, Veranstaltungsort für Ausstellungen und Konzerte – und „Gipfel der Liebe“. Hessens höchstes Standesamt bietet in der Kugel eine spannende Location für Traumhochzeiten.

Zu allen Jahreszeiten ist das Gelände um das Radom ein attraktiver Zielpunkt für Wanderer, Sternegucker, Mountainbiker, Skiläufer sowie Drachen- und Gleitschirmflieger. Wer das „Land der offenen Fernen“ genauer erkunden will, kann den traumhaften Blick von der hölzernen Ruhebank aus schweifen lassen, von der Panoramaterrasse bis in den 150 Kilometer entfernten Harz gucken oder die umliegenden Berge identifizieren: Ellenbogen im Osten, Kreuzberg im Süden, Pferdskopf im Westen und im Norden die Milseburg.

- Radom, Wasserkuppe 950, 36129 Gersfeld, Tel. (06 61) 49 98 89 96 www.radom-wasserkuppe.de
- ÖPNV: Bus 35, 37, Haltestelle Wasserkuppe (rund 15 Minuten Fußweg)

Hochprozentige Früchtchen

46

Zu Gast bei Brennerin Franziska

Es mag Orte geben, die muss man sich schöntrinken. Die Destillathek von Franziska Bischof in Wartmannsroth gehört definitiv nicht dazu, auch wenn hier mitunter Hochprozentiges in Strömen fließt. Der Raum ist mehr Wohnzimmer als Verkaufsladen – eine Einladung an Gäste, mal für einen ganzen Abend abzutauchen. Durch die großflächigen Fenster des schicken Neubaus fällt der Blick auf Wiesen und Felder hinter dem Bauernhof – herrliche Rhönlandschaft, wohin das Auge schaut. Man kann mit seinem Obstbrandgläschen auch draußen auf der Panoramaterrasse in der schwingenden Schaukel Platz nehmen, das ist der perfekte Glücksort.

Hinter dem Tresen steht Franziska, die Brennerin. Auf eine Kreidetafel geschrieben hat die ausgebildete Edelbrandsommlière, die 2012 in die Familientradition einstieg, was sie alles im Angebot hat. Und das ist nicht wenig: Rhöner Whisky gehört ebenso dazu wie Gin, Korn und Liköre. Und dann natürlich die Obstbrände aus vollreifen Früchten der Region: Äpfel, Birnen, Zwetschgen von der Streuobstwiese, Mirabelle, Quitte, Sauerkirsche, Schlehe und Haselnuss – alles Rhöner Produkte, die im Brennkessel zu wohlschmeckendem, meist 40-prozentigem Alkohol werden.

Probieren wir doch mal den „Halunken", das ist ein Brand aus Schwarzer Johannisbeere, der zwei Seiten hat: Zunächst zeigt er sich an der Nase fruchtig und von seiner Schokoladenseite, nach dem ersten Schluck jedoch ahnt man seine dunklen Abgründe. „Mit jedem Brand erschaffe ich eine neue Persönlichkeit, die ihren Charakter stetig entwickelt und erst am Gaumen ihr wahres Gesicht zeigt", erklärt Franziska und schenkt nach. Das Spektrum ihrer Brände geht von zurückhaltend bis aggressiv, von aufmüpfig bis tiefgründig.

Geduldig erklärt die Brennerin Interessierten auch gern den Unterschied von Brand, Geist und Schnaps, denn im Glas sehen alle gleich aus. So viel bleibt hängen: Brand und Geist sind handwerkliche, ehrliche Destillate, bei denen jegliche Aromatisierung verboten ist. Prost!

● Franziska – Die Brennerin, Edelbrennerei Bischof, Hauptstraße 8, 97797 Wartmannsroth, Tel. (0 97 37) 6 91 30 35, www.diebrennerin.de
● ÖPNV: Bus 8166, Haltestelle Wartmannsroth Hauptstraße

Rhöner

Das königliche Kleinod

47 Im Schlosspark des Staatsbads Bad Brückenau

Wer einen Fenstertisch im Ristorante Belvedere ergattern kann, darf sich nicht nur über Leckeres aus der italienischen Küche freuen, sondern auch über einen Logenplatz mit Blick auf das Staatsbad Bad Brückenau. Es ist ein kleiner Glückskosmos, der sich unterhalb des Restaurants auftut: Gebäude, Wege, Pflanzen in perfekter Symmetrie, eingerahmt vom grünen Wald der Rhönausläufer. So hatten die barocken Gartengestalter das Idealbild ihres Parks erdacht und umgesetzt: ein königliches Kleinod.

Das Staatsbad, 3 Kilometer entfernt von der Altstadt Bad Brückenaus, präsentiert sich bis heute als geschlossenes Ressort, das nicht nur aus der Ferne Ruhe und Beschaulichkeit verströmt, sondern sein Glücksversprechen auch einlöst. Entlang der historischen Mittelachse, gesäumt von vier Reihen beschnittener Kastanien und bunter Blumenbeete, stehen prachtvolle Villen, Pavillons, der Kursaal, der Elisabethenhof, das Parkhotel und die Wandelhalle wie Relikte aus einer anderen Welt. Optischer Schlusspunkt: der Fürstenhof, der heute eine Klinik beherbergt. Nichts trübt den Blick auf das Ensemble, aber alles liefert den Gästen zeitgemäßen Komfort. Technische Notwendigkeiten der Moderne wie Parkdeck, Abfüllanlage oder Heizungsbau wurden geschickt versteckt.

Gut im Blick: die Philosophenvilla – es verwundert kaum, dass in diesem Umfeld ein echter Philosoph lebt und lehrt. Derselbe betreibt übrigens auch eine kleine Pension, ein Café und den stimmungsvollen Biergarten auf dem Gelände. Hier kann man zur Maß ein Paar Weißwürste zuzeln oder fränkischen Gerupften bestellen – schließlich sind wir in der bayerischen Rhön. Wie das Hofbräuhaus in München ist das Staatsbad seit 1816 ein bayerischer Wirtschaftsbetrieb, die umtriebige Kurdirektorin eine beamtete Staatsdienerin. Sie hält die angeschlossenen Kliniken, Hotels und sonstigen verpachteten Liegenschaften bei der Stange und sorgt mit ihren rund 30 Mitarbeitern für den Erhalt des Kleinods, das ihr vom Bürobalkon aus zu Füßen liegt.

- Schlosspark, Staatliche Kurverwaltung, Heinrich-von-Bibra-Straße 25, 97769 Bad Brückenau, Tel. (0 97 41) 80 20, www.staatsbad.de
- ÖPNV: Bus 8054, Expressbus 8113 von Fulda nach Bad Brückenau, Haltestelle Staatsbad Schlosspark

Wo kommt Amalberga her?

48

Mysteriöse Figuren über den Weinbergen

Am Ostersonntag 2000 kam das Rätsel in die Welt: Auf den Steilhängen des Hammelbergs stand plötzlich eine Frauenfigur auf einem Felsvorsprung vor der Aussichtskanzel – lebensgroß, in der einen Hand ein Buch, die andere ausgestreckt Richtung Tal. Über Nacht musste die Betonstatue dort aufgestellt worden sein. Wer ist der Künstler? Wer hat es fertiggebracht, den 250-Kilo-Koloss dort am Abgrund zu platzieren? Welche Bedeutung hat die Figur? Niemand hatte etwas bemerkt, es blieb Raum für Spekulationen ohne Ende, doch das Rätsel wurde nicht gelöst. Die Hammelburger nannten die Figur nach der Thüringer Königin Amalberga, die der Sage nach von diesem Berg ihren Liebhaber in den Tod gestürzt haben soll.
Reiner Stein, der im Auftrag der Touristik Hammelburg Gäste an diese Orte führt, weiß auch keine Antwort auf das Geheimnis der magischen Figuren. „Wir genießen es einfach", sagt er und erzählt, wie es weiterging. Ein Jahr später nämlich gesellte sich unter ähnlich mysteriösen Umständen eine zweite Figur hinzu, der „Philosoph" in einem Sessel thronend und noch viele Kilo schwerer, es folgten die „Tänzerin" und im Juli 2003 das „Kind". Im September 2013 verschwand die Figur Amalberga dann spurlos und tauchte als neue, leicht veränderte Statue erst fünf Jahre später in der Nacht vom 14. auf den 15. Juni 2018 wieder an derselben Stelle auf.
Die unbekannten Künstler bekamen für ihr Werk vom damaligen Hammelburger Bürgermeister den Preis „Schöneres Saaletal" zugesprochen, er selbst soll ihn übergeben haben, nachdem er zugesichert hatte, die Anonymität zu wahren. Das Geheimnis nahm er mit ins Grab, versichert Reiner Stein. Und was hat es nun auf sich mit den geheimnisvollen Figuren? Ein gelungener Marketing-Gag, mit dem Hammelburg um Touristen wirbt? Ein Künstler, der wie der populäre Banksy seine Identität nicht preisgeben will, sich aber mit seinen Aktionen auf Hammelburg beschränkt? Schulterzucken. Stein führt Besucher zu dem Phänomen und erzählt, was er weiß. Mehr nicht.

● Hammelbergfiguren, ADAC-Parkplatz Ofenthaler Weg, 97762 Hammelburg
www.touristik.hammelburg.de

Die Turmbläser

49 Ritual lockt auf die Barockkirche Gersfeld

Manche Glücksorte hört man erst, bevor man sie sieht. Mit der Barockkirche in Gersfeld ist das so: Sonntagmorgens um neun läuten die Glocken und unmittelbar danach lassen Turmbläser vier oder fünf Choräle vom 70 Meter hohen Kirchturm aus erklingen. Mit diesem Ritual lädt die evangelische Kirchengemeinde seit 1954 jeden Sonntag zum Gottesdienst um 9.30 Uhr ein. Ob Regen, Schnee oder klirrende Kälte, die Mitglieder des neunköpfigen Posaunenchors, der über konfessionelle Grenzen hinweg besetzt ist, besteigen die 173 Stufen in den Ausguck unter der Turmspitze, um dort ihre Instrumente übers Rhöner Land schallen zu lassen. Ein sonntäglicher Kraftakt, der durch schöne Aussicht entschädigt. Auch in der Silvesternacht ist das so, das neue Jahr wird mit Blechbläserklängen begrüßt.

Aber nicht nur das Ohr, auch das Auge wird belohnt, denn das Gotteshaus im Zentrum des 6000-Einwohner-Ortes ist kunsthistorisch besonders wertvoll. Im Inneren versetzen Engel, Wolken, paradiesische Ranken und goldverzierte Säulen die Besucher in himmlische Glückseligkeit. Wenn man die Rokoko-Tür zur 1785 erbauten Kirche öffnet, fällt der Blick zuerst auf die prächtige weiße Orgel, die in einer Achse mit Kanzel, Altar und Taufstein das barocke Gesicht der Kirche bildet. Die Architektur beinhaltet eine theologische Aussage: Ganz oben die Orgel zum Lobe Gottes, darunter die Kanzel zur Verkündigung der christlichen Botschaft. Wort und Musik – beides gehört nach protestantischer Überzeugung zusammen.

TIPP
Wer sich sonntags um 8.45 Uhr vor der Kirche einfindet, darf gegen eine Spende mit auf den Turm.

Nicht nur die Turmbläser sind ein Unikum, wenn sie ihre Instrumente aus der offenen Laterne des viergeschossigen Turmes in luftige Höhen recken. Der Turmkopf ist gekrönt von einer besonderen Wetterfahne. Auf der Spitze thront nicht wie sonst üblich ein Hahn oder ein Kreuz, sondern auf einer Wolke sitzt ein goldener Engel, der sich mit einer Hand in windiger Höhe an der Stange festhält und mit der anderen Hand einen Olivenzweig als Friedenssymbol hält. Eine Botschaft von ganz oben ans Rhöner Land!

- Barockkirche Gersfeld, Marktplatz 2, 36129 Gersfeld, Anmeldung zur Turmbesteigung Tel. (0 66 54) 79 85, www.kirche-gersfeld.de
- ÖPNV: RB 52, Bahnhof Gersfeld (rund 7 Minuten Fußweg)

Drei auf einen Streich

50

Mit dem Dampferle vom Rosengarten zur Saline

Dampferle nennen die Bad Kissinger liebevoll die Boote der Saaleschifffahrt. 1877 nahm die Dampfschifffahrtsgesellschaft den Fahrbetrieb auf. Geändert hat sich nicht viel, sogar die Betreiberfamilie ist seit 1882 dieselbe. Heute sind die Oldtimer aus den Jahren 1923 und 1964 auf der gleichen Strecke allerdings mit Dieselmotoren ausgerüstet. Wer mit einem der beiden historischen Wasserfahrzeuge auf der Fränkischen Saale unterwegs ist, lernt gleich drei Glücksorte kennen, schlägt also praktisch drei Fliegen auf einen Streich.

Und das geht so: Glücksort Nummer 1 ist die untere Anlegestelle, die am Flussufer der Kurstadt im Rosengarten hinter dem Regentenbau zu finden ist. Vorbei an 160 Rosensorten, die an 6000 Rosenstöcken wachsen, spaziert man im Frühsommer durch eine blühende Parklandschaft, die verzaubert. Hier fährt alle halbe Stunde eines der beiden Boote ab und nimmt Kurgäste und andere Passagiere mit.

TIPP

Hinfahrt mit dem Schiff, zurück zu Fuß – kostet nur 5 Euro pro Person.

Glücksort Nummer 2 liegt 2 Kilometer flussaufwärts an der oberen Anlegestelle nahe der Saline. Kurz vor dem historischen Gradierwerk steigt man aus und inhaliert bei einem Gang durch die Anlage gesundheitsfördernde salzhaltige Luft – ein Spaziergang wie an der Nordsee. Man kann von dort aus auch das Museum Obere Saline im Stadtteil Hausen besuchen, in dem man alles über den „eisernen Kurgast" Otto von Bismarck erfährt. Während seiner 15 Aufenthalte in Bad Kissingen wohnte der Reichskanzler in dem Gebäude. Nahe der Anlegestelle hat man dem schwergewichtigen Kurgast ein Denkmal gesetzt.

Glücksort Nummer 3 schließlich ist die Bootsfahrt selbst. In rund 15 Minuten pendeln die beiden nostalgischen Boote namens „Kissingen" und „Saline" entspannt mit bis zu 50 Passagieren an Bord über den romantischen Fluss, vorbei an grünen Ufern und imposanten Gebäuden des Weltbades. Man kann anschließend gemütlich zu Fuß nach Bad Kissingen zurückwandern oder aber die Rückfahrt mit dem Boot antreten.

- Saaleschifffahrt (Apr.–Okt. Do.–So.), Anlegestellen: Rosengarten und Untere Saline, 97688 Bad Kissingen, www.saaleschiffahrtgmbh.de
- ÖPNV: Bus 2, 8189, 8190, Haltestelle Theresienstraße (5 Minuten Fußweg)

SALINE
SALINE

Wald-Brand und Rhöndiesel

51 Auf dem Brennerweg in Frankens Saalestück

Thema-Wandern liegt im Trend. Egal ob Hütten- oder Mühlentour, Moor- oder Urwaldsteige, Wanderungen mit Lamas oder Alpakas – alles geht in der Rhön. Aber eine „Wald-Brand-Tour" – muss das sein? Hier könnte ein Missverständnis vorliegen, denn es geht nicht etwa darum, die Feuerwehr bei der Waldbrandbekämpfung zu beobachten, sondern die 12 Kilometer lange Wegstrecke zwischen Wartmannsroth und Schwärzelbach informiert über die Geheimnisse der Brennkunst, die in dieser Gegend zu Hause ist. Es geht ums Destillieren und die Herstellung von edlen Bränden, Geistern und Likören.

Brennerweg nennt sich ein ganzes Wegenetz in Frankens Saalestück in der bayerischen Rhön. Für Freunde von Hochprozentigem bietet sich hier in Kombination aus körperlicher Bewegungsleistung, Landschaftsgenuss und Schnapskonsum ein besonderes Wandererlebnis. Der Grund ist die besonders hohe Dichte an Brennereien in Wartmannsroth und seinen Ortsteilen, wo das Destillieren von Obst und Getreide schon seit Jahrhunderten zur bäuerlichen Tradition gehört. 2100 Einwohner besitzen 82 Brennrechte. Anders ausgedrückt: Auf 25 Einwohner kommt hier eine Brennerei.

Fünf Hersteller kann man über den Brennerweg auf fünf verschiedenen Wanderstrecken besuchen: Die Korn-Brand-Tour führt zum Schnapskocher nach Völkersleier. Franziska, die Brennerin, und die Landbrennerei Kleinhenz liegen an der Whiskyschleife in Wartmannsroth. Bold's Schnapsideen kommen aus Neuwirtshaus am Wildfrüchte-Weg. Und zur Genussbrennerei Lutz aus Windheim geht's über die Streuobst-Route. Insgesamt 37 Kilometer wollen so erlaufen werden – zu viel für eine Tageswanderung, und für den Konsum einer Tagesration Schnapsgläschen sowieso.

Ein schöner Ausgangspunkt ist der Rastplatz „Kreuz über Mahlhecken" an der Whiskyschleife, wo unter zwei hohen Bäumen und einem Wegkreuz ein Fass steht, das es in sich hat. Fragen laden Wissbegierige zum Quiz ein: Woraus wird Rhöndiesel gebrannt? Antwort: Vorwiegend aus Roggen, teilweise auch aus Weizen oder gemischt.

● Brennerweg, 97797 Wartmannsroth, Brenner-Tel. (01 52) 25 74 79 79
www.brennerweg.de

Logieren im Knast

52

Aus der Meininger Fronveste wurde ein Hotel

Glücklich darf sich schätzen, wer zur Nacht ein Dach über dem Kopf hat. Noch glücklicher ist, wer seine Unterkunft jederzeit auch wieder verlassen kann. Das war in der Fronveste nicht immer der Fall. Denn der wuchtige Backsteinbau aus dem 19. Jahrhundert am Rand von Meiningens Altstadt war früher ein Gefängnis – mit fast meterdicken Mauern, vergitterten Zellenfenstern und massiven Türen, die nur von außen zu öffnen waren.

Bis 1963 wurde die historische Fronveste, im benachbarten Kern ein mittelalterliches Kloster, als Gefängnis genutzt – erst als Untersuchungshaftanstalt der Gerichte, zu DDR-Zeiten von der russischen Besatzungsmacht als Arrestort. Nach der Wende zu einer Gaststätte umfunktioniert, baute 2006 ein findiger Unternehmer den denkmalgeschützten Komplex zum Hotel um. Die 39 ehemaligen Knastzellen bekamen Duschen, richtige Betten, TV- und Internetanschluss. Erstaunlich, dass moderner Drei-Sterne-Hotelkomfort in den engen Grundrissen unterzubringen war, wenn auch manchmal nur mit Stockbetten als Kompromisslösung.

TIPP

Gehört auch dazu: Kneipe Verlies mit Zellentrakt und Biergarten.

Jenseits aller Zellengefühle lassen sich Freiheit und Weite in der obersten Hoteletage erleben: Das Highlight des Hauses ist der gläserne Dachaufbau mit der umlaufenden Terrasse, der das vierstöckige Gebäude krönt und per Aufzug zu erreichen ist. Auch eine Außentreppe für den Notfall wurde montiert, über die sich ausbruchswillige Knastinsassen einstmals sicherlich sehr gefreut hätten. Zum Frühstück finden sich die Hotelgäste in dem verglasten Restaurant über den Dächern der Stadt ein, um Brötchen, Kaffee, Marmelade und vieles andere zu genießen, das sie für den Tag in Meiningen stärkt.

Abends kann man sich dann im „Verlies" wiedertreffen, wo das Fronveste-Team auf Wunsch „Gangstertreffen im Zellentrakt" organisiert. Ein viergängiges Knastmenü im schwarz-weiß gestreiften Häftlingsdress erfreut sich als Gruppenevent großer Beliebtheit. Auf eines kann man sich verlassen: Die elektronische Karte, die alle Türen der Fronveste öffnet, funktioniert.

- Hotel Fronveste, An der Oberen Mauer 1–3, 98617 Meiningen, Tel. (0 36 93) 47 86 41, www.fronveste-meiningen.de
- ÖPNV: Bus 17, 18, 408, 409, Haltestelle Mauergasse

HOTEL

Glückskeks auf dem Berg

53

Chinesischer Pavillon mit Panoramablick

Aus chinesischen Restaurants kennt man den Glückskeks. Nach dem Essen geknuspert, stößt man auf ein Zettelchen mit sinnigem Spruch: Lebensweisheiten für den Augenblick, nett verpackt. Gewissermaßen ein architektonisches Schmankerl ist der chinesische Pavillon, der im Zuge der Landesgartenschau 2023 im Kulturengarten über dem Stadtteil Neuenberg entstand. In Serpentinen oder über Stufen kraxelt man den Berghang im Park überm Engelshaus hinauf. Hier wurde das rote Pagodengebäude platziert – ein Glückskeks in der Landschaft.
Eine Holzbank unter dem geschwungenen Dach mit den geheimnisvollen asiatischen Schriftzeichen lädt zu einer Pause beim Gang durch die Parkanlage ein. Ein Tee wäre jetzt optimal, denn eigentlich ist es ein Teepavillon, den die südchinesische Partnerstadt Liyang der osthessischen Metropole Fulda geschenkt hat und der zur Gartenschau hier als Schattenspender aufgestellt wurde. Von der Bank aus ist die Silhouette der Stadt, die sich auch Tor zur Rhön nennt, bestens zu sehen: unten im Tal die Turmspitzen des Doms, das bunte Häusermeer und darüber die Klosteranlage Frauenberg mit den roten Dächern. In der Ferne die dunklen Rhönberge.

Nicht nur in Fulda sind chinesische Parks beliebt – in vielen deutschen Städten findet man Zeugnisse traditioneller fernöstlicher Bau- und Gartenkultur. Die „Stube des heiteren Wetters" im „Garten des wiedergewonnenen Mondes" in Berlin-Marzahn, der Chinesische Pavillon im Dresdner Villenviertel oder der Chinesische Turm im Englischen Garten in München sind bekannte Orte. Was macht die Faszination dieses Stils aus? Vielleicht verbinden Europäer mit den geschwungenen asiatischen Formen, die die Horizontale betonen, besondere Glücksversprechen. Sprüche wie diese, die man auch in einem Glückskeks finden könnte: „Die beste Zeit, einen Baum zu pflanzen, war vor 20 Jahren. Die zweitbeste Zeit ist jetzt."

TIPP
Auch im Park von Schloss Fasanerie gibt es einen chinesischen Pavillon.

- Chinesischer Pavillon im Kulturgarten, Überm Engelshaus (Fußweg), 36041 Fulda
www.lgs-fulda-2023.de/kulturgarten
- ÖPNV: Bus 7, Haltestelle Hainzeller Straße (rund 5 Minuten Fußweg)

自在軒

Kunst sehen und erleben

54 Das Malerdorf Kleinsassen mit der Kunststation

Im 500-Seelen-Rhöndorf Kleinsassen signalisieren zwei in leuchtenden Farben bemalte Giebelfassaden unübersehbar: Hier geht es um moderne Kunst. Im weitläufigen Garten davor kann man raumgreifenden Skulpturen begegnen – und schließlich über eine Treppe die Hallen betreten, in denen mehrmals im Jahr Ausstellungen präsentiert werden. Doch die Kunststation Kleinsassen deswegen „Museum“ zu nennen, wäre zu wenig. Sie ist Malschule, Bildungs- und Vortragsort, Artothek, Café und Begegnungszentrum. Nach dem Anspruch der Gründer sollen Besucher der Kunst hier nämlich nicht nur staunend gegenüberstehen, sondern sie selbst aktiv mitvollziehen.

Die 1979 in der ehemaligen Dorfschule gegründete Kunststation ist immer am Puls der Zeit – reagiert zum Beispiel in Ausstellungen auf die documenta im nahen Kassel und versucht künstlerische Kommentare zur Frage „Wie frei darf Kunst heute sein?“. International und interkulturell Kunstschaffende sorgen dafür, dass ein solcher Dialog fernab der Metropolen keineswegs provinziell gerät. Auf 1200 Quadratmetern Ausstellungsfläche kommen unterschiedlichste Exponate perfekt zur Geltung. Entspannend ist nach so viel Anregung auf jeden Fall ein Besuch im Café der Kunststation, wo es Kuchen aus eigener Produktion gibt, den man auch mit raus in den Garten nehmen darf.

TIPP
Über einen der Malerrundwege in Kleinsassen spazieren (www.malerdorf-kleinsassen.de).

Es ist kein Zufall, dass es Künstler in die Rhön zieht, denn schon Mitte des 19. Jahrhunderts wurde Kleinsassen als Malerkolonie entdeckt. Am Fuß der Milseburg gelegen entwickelte sich das Dorf zum sommerlichen Treffpunkt von Malern namhafter deutscher Akademien. Sie lebten auf Zeit in den Schindelhäusern der hessischen Rhön, ließen sich von der Landschaft inspirieren und pflegten kreative Kommunikation. Bis heute wird Mitmachen in Kleinsassen großgeschrieben: Bei der jährlich stattfindenden Kunstwoche unter dem Motto „Erlebbare Kunst für Augen, Ohren, Herz und Seele“ können Besucher Künstlern über die Schulter schauen, mit ihnen ins Gespräch kommen oder selbst kreativ tätig werden.

- Kunststation Kleinsassen, An der Milseburg 2, 36145 Hofbieber-Kleinsassen, Tel. (0 66 57) 80 02, www.kunststation-kleinsassen.de
- ÖPNV: Bus 34, 90, Haltestelle Kleinsassen (rund 5 Minuten Fußweg)

Blickwechsel
12. März – 4. Juni 2023
Fluide Bildwelten
Wolkenränder
Gedankenströme
Kultursommer Ausstellung
Friends AND Art
ein Ausstellungsprojekt
auf die documenta fifteen
Räumliche Partituren
Rhein trifft Rhön
Makrowolke und Mikroloses

Keramik-Amazonen

55

Bei den gARTenschwestern in der Vorderrhön

Doris Reim hat ein sehr persönliches Verhältnis zu ihren Kreationen. Sie heißen „Niki“ und „Lilith“, „Zilda“ und „Sarah“, „Lavendula“ und „Annemone“, stehen bei ihr zu Hause auf dem Fensterbrett, im Regal oder gucken aus dem Buchsbaum im Vorgarten. Die Keramikfiguren, allesamt weiblich, sind die gARTenschwestern der Künstlerin, die als pummelige Damen, kämpferische Amazonen, strenge Heilige, Torsi oder klassische Göttinnenfiguren in der Werkstatt entstanden sind – frostfest gebrannt und handmodelliert, jede Schwester ein Unikat. Im Rhönörtchen Mansbach kann man die bunte Truppe besuchen, vielleicht klappt es sogar mit einem Kaffeekränzchen unter dem Sonnenschirm vorm idyllischen Fachwerkhaus ihrer Besitzerin.

Vor einem Vierteljahrhundert kam die Künstlerin, die bis dato als Bauingenieurin in Berlin gearbeitet hatte, nach Osthessen und startete zusammen mit ihrem Mann Peter in ihr zweites Leben. Fern der Großstadt widmete sie sich dem Malen, Zeichnen und Dichten – bis der Ton dazukam, „der älteste Werkstoff der Menschheit“. Das Töpfern war ihr Ding, stellte sie fest, und modelliert seither große und kleine Figuren. „Man weiß nie, was rauskommt“, sagt Doris Reim, aber letztlich sind es bei ihr immer Frauen. Besonders ans Herz gewachsen ist ihr „Alexa“ mit der tollen Glasur, berichtet die Mittsiebzigerin begeistert über ihre letzte Schaffensphase. Benannt hat sie die eher abstrakt wirkende Plastik nach einer TV-Serienfigur aus „Sturm der Liebe“.

TIPP
Unbedingt anschauen: Osthessens älteste Bauern-Barock-Kirche mit vielen Bildern in Mansbach.

Man merkt ihr die Begeisterung für die Arbeit an. Aber kann sie das Verhältnis zu ihren gARTenschwestern näher beschreiben? „Meine Mädels stehen für Natur, sind selbstbewusst, mitunter verhalten erotisch“, hat sie in einem Interview verraten. „Sie verstecken sich gern und offenbaren meist heitere Seelenlagen.“ Viel handwerkliche Arbeit und viel Zeit sind nötig, bis die Figuren das ausstrahlen, was ihre Schöpferin will. Aber nach dem Bemalen und Brennen schauen sich Werk und Töpferin meist verliebt in die Augen.

● Keramikwerkstatt-Galerie gARTenschwestern, Brückengasse 4, 36284 Hohenroda-Mansbach, Tel. (0 66 76) 13 44, www.gartenschwestern.de
● ÖPNV: Bus 340, Haltestelle Mansbach Schloss

gARTensch

Kultgetränk aus der Rhön

56 Wie die Bionade erfunden wurde

Wanderer lieben die Glasflaschen mit dem roten Punkt. Zum Beispiel am Kiosk am Schwarzen Moor, wenn sie an einem Sommertag den sportiven Rhön-Rundweg 1 hinter sich gebracht haben und nach einem wohlschmeckenden und gesunden Durstlöscher lechzen, kommt die heimische Limonade gerade recht. In der Rhön kriegt man die Bionade praktisch überall – denn sie wurde vor Ort erfunden und wird bis heute in Ostheim vor der Rhön hergestellt. Ein Rhöner Nationalgetränk also – wie Rhönsprudel, Kreuzberg-Bier und Frankenwein.

Ein Besuch beim Hersteller bringt die Ursprünge ans Licht. Die Kultmarke, längst weit über die Grenzen der Rhön hinaus bekannt, kam 1994 in die Welt und war eigentlich ein Krisenprodukt. Denn, so erklärt Bionade-Mitarbeiter Roger Omert bei einer Betriebstour, die Ostheimer Brauerei Peter stand kurz vor der Pleite, weil der Bierabsatz seit Mitte der 1980er-Jahre stark zurückging, nicht zuletzt ausgelöst durch die neue Promillegrenze im Straßenverkehr. Alkoholfreie Bionade rettete das Unternehmen, das heute zum Hassia-Konzern gehört.

TIPP
Betriebsbesichtigung mit Abstecher auf den Bio-Holunderhof: Tel. (01 76) 16 10 10 35.

Braumeister Dieter Leipold sann damals auf neue Geschäftsfelder und tüftelte an der Entwicklung eines Getränks, das wie Bier gebraut und fruchtig wie Limonade schmecken sollte. Wichtig war Leipold von Anfang an, ein Naturprodukt auf den Markt zu bringen. Bis dahin wurden Limos mit Chemiesäuren produziert. Erst nach zehn Jahren gelang es ihm, eine milde organische Säure auf ökologischer Basis zu entwickeln. Nach dem Vorbild der Biene wandelte Leipold Zucker in Gluconsäure um – und nicht in Alkohol. Die Aromen lieferten regionale Biolandwirte.

Der große Durchbruch kam um die Jahrtausendwende, Bionade machte zeitweise bundesweit als Szenegetränk Furore. In zehn Geschmacksrichtungen gibt es die Bio-Brause heute, dazu drei Mate-Varianten. „Ohne Rhön gäbe es sicher keine Bionade, hier musst du was erfinden, sonst verblödest du“, wird der 2014 verstorbene Dieter Leipold in einer großen Tageszeitung zitiert. Ob das nun ein Lob für die Rhön ist?

- Bionade GmbH, Nordheimer Straße 14, 97645 Ostheim/Rhön, Tel. (0 97 77) 9 10 10 www.bionade.de
- ÖPNV: Streutalbus 8153 (Mai–Okt.), Haltestelle Ostheim Rathaus (rund 10 Minuten Fußweg)

BIO
HOLUNDER
BIONADE
HOLUNDER
BIO
NATURTRÜBE
ORANGE
PIONIER SEIT 1994
BIONADE
NATURTRÜBE
ORANGE
WENIGER ZUCKER*
VIEL GESCHMACK
BIO
ONADE
NATURTRÜBE
ZITRONE

Sexsymbol in der Kirche

57 Marilyn Monroe in der Dorfkirche Habel

Immer mehr Menschen verlassen die Kirche, das zeigt die Statistik. Was könnte sie wieder hineinlocken? Im Rhön-Dörfchen Habel scheint man schon vor Jahrzehnten einen Weg gefunden zu haben: In der evangelischen Kirche auf dem Berg ist Marilyn Monroe als Engel zu bewundern. Das wollen sich auch viele angucken, die Kirchen sonst eher meiden. Wie kam das Sexsymbol der 1950er-Jahre in das Gotteshaus? Es war wohl kein genialer Marketingtrick der christlichen Gemeinde, sondern ist der Kreativität und Gewitztheit eines Malers zu verdanken. Walter Niebergall aus Hilders, der sonst die landschaftlichen Schönheiten der Rhön in Öl auf Leinwände bannte, bekam 1963 den Auftrag, die Dorfkirche zu renovieren und den barocken Himmel neu auszumalen. Die Geflügelten waren schnell an die Decke gebracht, doch für die Gesichter fehlte es an Vorlagen, erzählen Zeitzeugen. So verwendete er zunächst Kinderfotos aus dem 100-Seelen-Dorf, die man ihm brachte. Aber es waren nicht genug für die zwölfköpfige Engelschar, einige Leerstellen blieben. Bei einem Fotografen in Tann sei Niebergall dann in Illustrierten auf das attraktive Konterfei von Marilyn Monroe gestoßen, das er kurzerhand mit der Himmelsbotin verband.

Mit platinblonden Locken, geschminkten Wimpern und Engelsflügeln auf Wolken schwebend schaut die Hollywood-Diva seitdem auf die Gottesdienstbesucher herab. Und auch Schauspielkollegin Jane Russell, abgebildet mit einer Fanfare in der Hand, kam auf diese Weise an die Kirchendecke. Die kurvenreichen Körper der Sexsymbole freilich bleiben züchtig hinter der Wolkendecke verborgen.

Marilyn Monroe wurde nicht nur in Amerika weltberühmt und ihre Fotos zu Ikonen der Pop-Kultur. Der legendäre Andy Warhol-Siebdruck „Marilyn Diptych" von 1962 hängt in der Londoner Tate Gallery und als Poster hundertausendfach an Wohnungswänden. In der Dorfkirche von Habel allerdings bleibt Marilyn ein einmaliges Original, das Menschen in die Kirche lockt und einigen Gemeindepfarrern sogar schon Anlass zu Predigten gab.

● Dorfkirche Habel, Kirchweg, 36142 Tann/Rhön, Besichtigung nach Anmeldung Tel. (0 66 82) 2 49, https://kirche-tann.de

● ÖPNV: Bus 25, Haltestelle Habel

Heiliger Berg der Franken

58 Bier trinken im Kloster Kreuzberg

Es stimmt gar nicht, dass alle wegen des Klosterbiers auf den Heiligen Berg der Franken kommen. Viele zieht auch die gegrillte Schweinshaxe an die Tische und Bänke, die in langen Reihen im Innenhof des Klosters aufgestellt sind. Meist ist es jedoch eine Kombination aus beiden Bestsellern der Klostergastronomie – Bier und Haxe liefern eine einleuchtende Erklärung für die Schlangen an schönen Tagen an der Essens- und Getränkeausgabe auf dem Kreuzberg.

„Glauben & genießen" ist das Motto der drei verbliebenen Franziskanermönche, die hier oben auf 864 Meter über NN gemeinsam mit ihrem imposanten Bernhardiner Josef und 75 weltlichen Mitarbeitern die Stellung halten. Es strömen durchaus noch immer gläubige Wallfahrer ins Kloster, um den Segen des Kreuzpartikels aus Golgatha zu erhalten, der hier aufbewahrt wird, aber die Genussfraktion an den Wirtshaustischen ist in der Überzahl.

Seit 1731 gibt es die Brauerei. Früher wurde das Bier kostenlos an die Pilger abgegeben und die dankbaren Trinker hinterlegten neben den geleerten Maßkrügen ein Biergeld. Doch von dieser schönen Sitte ist man abgekommen und verkauft seit 1920 Pils, Dunkles und Hefeweizen zu volkstümlichen Preisen. 850.000 Liter fließen jährlich aus den Fässern. Von November bis Mitte Februar ist das Weihnachtsbockbier mit einem Alkoholgehalt von 7,3 Prozent erhältlich. „Nur für geübte Biertrinker!", warnen die Mönche.

Vom Kloster aus geht es noch höher hinauf, nämlich über 294 steile Stufen bis zur Kreuzigungsgruppe und dem Gipfelkreuz – die Aussicht von hier zur Zeit des Sonnenuntergangs ist wunderschön. Beliebt bei Wanderern und anderen Rhöntouristen sind die Übernachtungsmöglichkeiten, die das Kloster bietet. Im Fürsten-, Franziskus- und Antoniusbau sowie im Berggasthaus Elisäus findet man zeitgemäß ausgestattete Zimmer mit Frühstück. Aber bitte nicht wundern: Wenn morgens um sechs eine Trompetenfanfare durch die Flure tönt, nehmen alle Hausgäste diesen Pilgerweckruf gelassen hin und drehen sich noch mal um.

TIPP

Jeden ersten Montag im Monat findet eine Klosterführung mit Pater Korbinian statt.

- Kloster Kreuzberg, Kreuzberg 2, 97653 Bischofsheim/Rhön, Tel. (0 97 72) 9 12 40 www.kloster-kreuzberg.de
- ÖPNV: Kreuzbergbus zwischen Bischofsheim, Oberelsberg und Sandheim, Anruf bei Bedarf Tel. (0 97 71) 9 17 80 94

Fliegende Kisten

59 Deutsches Segelflugmuseum auf der Wasserkuppe

Es ist erstaunlich, mit welchen Gerätschaften sich der Mensch einst in die Lüfte erhob. Otto Lilienthal, dem es als Erster gelang, das Geheimnis des Vogelflugs zu entschlüsseln, startete 1891 zu einem 25-Meter-Flug mit einem aus Weidenruten und Baumwollstoff gebastelten Flügelpaar. So etwas sieht man im Deutschen Segelflugmuseum auf der Wasserkuppe, wo die über 100-jährige Geschichte und die technische Entwicklung des Segelflugs präsentiert werden. Der Standort des Museums ist kein Zufall, denn die Rhön gilt als die Geburtsstätte des Segelflugs, die Wasserkuppe darf sich „Berg der Segelflieger“ nennen.

In der großen Rundhalle sind all die fliegenden Konstrukte aus der Pionierzeit versammelt. Darmstädter Gymnasiasten probierten 1911 ihre selbst gebauten Gleiter auf der Wasserkuppe aus. Einer von ihnen, Hans Gutermuth, der als junger Flieger im Ersten Weltkrieg starb, flog mit dem Doppeldecker F.S.V.X. in 110 Sekunden 840 Meter weit, damals ein Weltrekord. Viele dieser frühen Fluggeräte hängen als Nachbauten von der Hallendecke. Etwa der „Besenstiel“ aus dem Jahr 1922. Ferdinand Schulz wurde mit diesem abenteuerlichen Konstrukt zu Wettbewerben in der Rhön nicht zugelassen, flog aber wenig später einen Dauerweltrekord über 8 Stunden und 42 Minuten in den ostpreußischen Ostsee-Dünen.

TIPP
Zwei Segelflieger-Wanderwege starten am Museum (www.segelfliegerweg-wasserkuppe.de).

Der „Schädelspalter“ mit einer auffälligen Strebe vor dem Kopf des Piloten ist ein Anfängersegelflugzeug von 1929, das auf der Wasserkuppe gern zu Schulungszwecken eingesetzt wurde. Ein deutlicher Fortschritt war der „Rhönadler“: In den 1930er-Jahren gab das Leistungssegelflugzeug mit einer Spannweite von 17,4 Metern den Ton an – es sieht im Prinzip schon so aus wie moderne Segler aus Kunststoff. Das Glück des Fliegens ist vielfältig: Neben den erfolgreichsten Segelflugzeugen in Originalgröße werden in dem freitragenden Kuppelbau und der Ausstellungshalle auf insgesamt 4000 Quadratmeter Fläche auch Modellflugzeuge gezeigt, denn die Entwicklung von Spiel und Ernst ging oft Hand in Hand.

- Deutsches Segelflugmuseum, Wasserkuppe 2, 36129 Gersfeld, Tel. (0 66 54) 77 37 www.segelflugmuseum.de
- ÖPNV: Bus 35, 37, Haltestelle Wasserkuppe

OSKAR URSINUS
RHÖNVATER
Rhönvater
Oskar Ursinus
1878 – 1952

Sieg des Bocksbeutels

60 Hammelburger Weinkultur am terroir f erleben

In der alten Weinberghütte oberhalb von Hammelburg ist nicht viel Platz: Zehn, zwölf Leute können sich auf die hölzernen Bänke zwängen, um gemeinsam zu rasten und dabei den einen oder anderen Bocksbeutel zu leeren. Warum der Frankenwein traditionell in diese Flaschenform abgefüllt wird, weiß niemand genau. Aber vielleicht ist die schlichte Hütte ein guter Ort, um über dieses Thema zu philosophieren – zwischen den Tuschezeichnungen an den Wänden, der Schnitzfigur im Herrgottswinkel und den leeren Weinflaschen auf dem Fensterbrett. Drei Schoppen passen in das rundliche Gefäß, das in Form und Namen an den Hodensack eines Ziegenbocks erinnert oder auch an einen flachen Camembert oder ein rundgelutschtes Bonbon. Dass der Bocksbeutel 250 Jahre seiner Glasform treu blieb, hat vielleicht etwas mit dem Grundsatz „Form folgt Funktion" zu tun, denn die Flachkugelflasche ist gut zu transportieren und kann nicht wegrollen – früher ein unschätzbarer Vorteil für Pilger und Soldaten. 2015 knöpfte sich der aus Franken stammende Stardesigner Peter Schmidt die heimatliche Ikone vor und kreierte den neuen Bocksbeutel PS: eleganter, moderner, kantiger, weniger plump und doch wiedererkennbar und Symbol der eigenwilligen Geschmacksrichtung seines Inhalts – Frankenwein eben. Einige Wanderminuten von der Weinberghütte entfernt tut sich ein weiter Blick über die Mauern und Türme Hammelburgs auf – bis hinein ins Saaletal und in die hügelige Landschaft der vorderen Rhön. Fahnen mit der Aufschrift „terroir f" wehen auf dem Ofenthaler Berg, darunter vier große Portale aus rostüberzogenem Stahl. Es sind Hörstationen, an denen auf Knopfdruck die Geschichte des Weinbaus in Franken lebendig wird. Der Weg beginnt mit den Anfängen im Jahr 777, als Karl der Große die Weinstadt urkundlich erwähnte, und endet mit der Tafel über die heutige Zeit. Herkunft, Boden und Klima spielen eine Rolle, Rebsorten und die Arbeit des Winzers. terroir f – man könnte es übersetzen mit „Glücksorte in Franken".

● Aussichtspunkt terroir f, ADAC-Parkplatz Ofenthaler Weg, 97762 Hammelburg (5 Minuten Fußweg), https://touristik.hammelburg.de

Die Anfänge des
Weinbaus
in Franken
terroir f

Glücksort im Doppelpack

61 Der Guckaisee mit dem Restaurant Guckai-Stuben

Es gibt zwei Gründe, den Guckaisee zu besuchen: An schönen Sommertagen lädt der naturnahe See am Fuß der Wasserkuppe zum Baden ein. Und an kühlen Frühlings-, Herbst- und Wintertagen sitzt man zum Essen und Trinken in den gemütlichen Guckai-Stuben und schaut raus aufs Wasser. See und Restaurant erweisen sich dabei als Glücksorte im Doppelpack. An diesem Rastplatz lässt sich ein schöner Nachmittag mit Verlängerung in den Abend erleben.

Vergnügen Nummer eins hat mit Bewegung für die ganze Familie zu tun. Die Anlage besteht aus zwei Gewässern: Am unteren Badesee gibt es einen schönen Steg, von dem aus man ins Wasser hüpfen kann. Kleinen und großen Wasserratten macht es Spaß, die schwimmende Insel zu erreichen. Man kann sich auf den Liegewiesen tummeln oder eine Runde mit dem Schlauchboot durch den oberen See paddeln. Der Wasserspielplatz ist eine weitere Attraktion. Auch für Wanderer ist der Guckaisee ein prominenter Ort: Der Premiumwanderweg Hochrhöner führt hin, und über die Extratour Guckaisee kann man den nahen Pferdskopf erklimmen und in einer Dreiviertelstunde die Wasserkuppe.

Vergnügen Nummer zwei erlebt man im Sitzen, nämlich im Restaurant und Café Guckai-Stuben. „Die Rhön ohne Schnitzel = unvorstellbar" steht dort in der Speisekarte. Auf diese Empfehlung hin ordert der Gast ein Abtsröder Bauernschnitzel mit Speck, Zwiebeln und knusprigen Kartoffelecken. Doch dann folgt die Überraschung, denn die Rhön kann nicht nur bodenständig, sie kann auch interkulturell sein: Weil Koch Khun Jinaphan Thailänder ist, gibt's als Gruß aus der Küche vorneweg ein Frühlingsröllchen. Und siehe da: Das süß-scharfe Asiahäppchen entpuppt sich als schmackhaftes Amuse-Gueule zum Rhönschnitzel. Dieses kulinarische Vergnügen steht den Gästen selbstverständlich auch an schönen Sommertagen auf der Seeterrasse offen. Weiter unten Richtung Seeufer gibt es noch eine Grillstation, die Passendes für den kleinen Hunger und den großen Durst anbietet.

- Badesee Guckaisee, Kohlstöcken 3, 36163 Poppenhausen
- Restaurant und Café Guckai-Stuben, Guckai 5, 36163 Poppenhausen, Tel. (0 66 58) 918 00 48, www.guckai-stuben.de
- ÖPNV: Bus 35, Haltestelle Poppenhausen-Rodholz Schwarzerden (rund 12 Minuten Fußweg)

Nicht auf dem Holzweg

62

Rhöner Holzbildhauerschule Bischofsheim

Liegt es am Wald und dem großen Holzangebot? Hat es mit der Frömmigkeit der Bewohner zu tun? Tatsache ist: Holzschnitzkunst und Rhön – das gehört zusammen. Besonders in Bischofsheim fällt die große Zahl an Künstlern auf, die sich professionell mit dem Material Holz beschäftigen. Traditionell schnitzen sie christliche Motive wie Kruzifixe, Heiligenfiguren und Weihnachtskrippen, aber auch profane Figuren wie Jäger, Bauern oder Nachtwächter sind beliebt. Auch die hölzernen und bemalten Fastnachtsmasken kommen in der Rhön bei Umzügen durchaus noch zum Einsatz.

Wo lernt man dieses Handwerk? In der Staatlichen Berufsfachschule für Holzbildhauer, die 1852 als älteste deutsche Holzschnitzschule in Bischofsheim gegründet wurde. Einmal im Jahr, zum Böschemer Stadtfest Ende Juli, öffnet die Schule ihre Türen und die Besucher erleben beim Rundgang durch die Werkräume, wie der Künstlernachwuchs mit der Tradition umgeht – ganz anders nämlich. Im ersten Lehrjahr lernen die Schülerinnen und Schüler Material, Werkzeuge und Maschinen kennen, nehmen Natur, Formen und Körper wahr. Dabei entsteht zum Beispiel die erste eigene Maske. Benjamin hat im zweiten Lehrjahr sein „Dampfschloss“ modelliert – ein filigranes Fantasygebilde mit Türmen, die der Ostheimer Kirchenburg nachempfunden sind. Zierliche Yogafiguren aus Lindenholz, eine fette Henne aus Kirsche oder die Kettensägenskulptur „Kopfgesicht“ aus Pappel sind beeindruckende Abschlussarbeiten nach dem dritten Lehrjahr.

In der Hochburg der Rhöner Schnitzkunst kann man das ganze Jahr über Arbeiten der Absolventen bewundern. Beim Gang über den Holzskulpturenweg durch die Altstadt von Bischofsheim begegnet man etwa 20 Werken. Dazu gehören auch die hübschen Blumenbretter an den historischen Häuserfassaden – etwa am Fachwerk der Tourist-Info am Kirchplatz. Ein dort erhältliches Faltblatt führt zu den Stationen dieser einstündigen Entdeckungstour und listet auch die Adressen der ortsansässigen Künstler auf.

● Staatliche Berufsfachschule für Holzbildhauer, Kreuzbergstraße 12, 97653 Bischofsheim/Rhön, Tel. (0 97 72) 9 30 09 70
www.skulpturenschule-bischofsheim.de

Die Rhönforelle

63

Fangfrisches in der Fischerhütte Edwin

In Schuberts Kunstlied „Die Forelle“ wird „des muntern Fischleins Bade im klaren Bächlein“ besungen. Pfeilschnell schießt die Forelle im Wasser dahin, doch den Kampf mit dem Angler verliert der zappelnde Fisch zu guter Letzt. Wer eine gebratene Forelle auf dem Teller schätzt, kann hier wenig Mitleid entwickeln, denn nach Art der schönen Müllerin mit Kräuterbutter überbacken schmeckt sie einfach zu lecker. Solche Rhönforellen werden in der Fischerhütte Edwin im Oberelsbacher Ortsteil Ginolfs serviert – für Fischliebhaber ist das Restaurant ein großes Glück. Unter dem Lokal schwimmen die Lachsfische in vier Forellenteichen, die aus dem klaren Quellwasser des Sonderbachs gespeist werden. Die Teiche gehören der Familie Herbert, deren Opa Edwin die Idee mit der Fischzucht hatte. Der Enkel baute ein architektonisch ansprechendes Gebäude auf Stelzen über den Fischteichen schwebend, mit Panoramablick von der Terrasse ins Naturschutzgebiet Lange Rhön. Optimal, wenn man hier einen der begehrten Plätze ergattert. Im Winter ist es aber auch drinnen am Kachelofen gemütlich. Wer genug Appetit mitbringt, lässt sich eine Klare Rhöner Fischsuppe, Opa Edwins kalten Fischvorspeisenteller und danach noch ein in Butter gebratenes Lachsforellensteak schmecken.
Jeden Tag werden in Ginolfs Forellen frisch gefangen und zubereitet. Streng genommen muss man zwischen Rhönforellen, das sind in der Regel Regenbogenforellen, und Rhöner Bachforellen unterscheiden, aber dies tun in der Gastronomie nur wenige. Wer es genau wissen will und Wert auf eine echte heimische Delikatesse legt, frage also nach. Dazu muss man wissen, dass die Rhöner Bachforelle, erkennbar an den roten Punkten, in Oberläufen sauberer, klarer Bäche lebt und sich von Flohkrebsen, Insekten und Kleinfischen ernährt. In den Fischzuchtteichen werden Pellets gefüttert und die Strömung des fließenden Wassers wird mittels Pumpen simuliert, damit sie sich wie in einem natürlichen Bach fühlen. Dem Geschmack tut dies keinen Abbruch.

● Fischerhütte Edwin, Herbertsweg 1, 97656 Ginolfs, Tel. (0 97 74) 85 83 38
www.fischerhuette-edwin.de
● ÖPNV: Hochrhönbus 815, Haltestelle Ginolfs

Fischerhutte
EDWIN

Von Vulkanen geformt

64

Klettern an der Steinwand

Auf dem gelben Ortsschild steht tatsächlich „Steinwand" – und dieser Name hält, was er verspricht: Im Wald in der Nähe von Poppenhausen türmt sich eine 100 Meter lange und 20 Meter hohe Felswand auf. Schroff ragt die zackige Steinwand in die Höhe, für Kletterfreaks ist dieses Yosemite der Rhön – im Kleinformat natürlich – ein absoluter Glücksort. Schon von Weitem sieht man bunte Punkte in der Senkrechten, hier hängen Mutige hakengesichert an Seilen. Rund 100 Kletterrouten verschiedener Schwierigkeitsgrade gibt es an der großen Wand und den beiden benachbarten kleineren Felsen Teufelskanzel und Hintere Steinwand.

Das Felsmassiv entstand, als vor Jahrmillionen Vulkane die Rhön formten. Nach Erkenntnissen der Geologen geht die Steinwand auf einen tektonischen Riss zurück, in den Lava floss und einen harten Gesteinskern bildete. Im Laufe der Zeit sei der harte Kern in der Bruchspalte dann aus dem umgebenden weichen Sandstein herausmodelliert und vom Regen weggespült worden – zurück blieb zur Freude der Kletterer die steile Phonolith-Steinwand. Sie gilt als eines der bedeutendsten natürlichen Klettergebiete Hessens, und leidenschaftliche Kraxler können hier ungestört ihren Drang in die Vertikale austoben.

Wer lieber in der Waagerechten bleiben möchte, geht spazieren. In weniger als einer Stunde kann man die Steinwand bequem umrunden. Vom Parkplatz am Gasthaus aus geht man in den Wald hinein, wo sich der Weg gabelt. Der linke Pfad führt am Fuß der Steinwand entlang und gibt den Blick frei auf die wagemutigen Bergsteiger, die unablässig hoch- und runterstreben – Zuschauerpausen einplanen! Weiter bergab geht es vorbei an moosüberzogenem Geröll, bevor der Weg eine 180-Grad-Kehre macht und auf der Rückseite der Felsen wieder ansteigt. Von hinten betrachtet sieht die Steinwand weit harmloser aus. Gut zu wissen: Unerfahrene, die sich dem Berg lieber von der Vorderseite aus nähern möchten, können vor Ort in der Bergsportschule Rhön einen Schnupperkurs Felsklettern buchen.

TIPP

Sonntags gibt's im Gasthaus Zur Steinwand Steinwänder Tafelspitz mit Meerrettichsoße.

- Steinwandklettern, Gasthaus Zur Steinwand, Steinwand 5, 36163 Poppenhausen, Tel. (0 66 58) 3 28, www.gasthaus-zusteinwand.de
- Kletter- und Erlebniszentrum der Bergsportschule Rhön, Georgstraße 23, 36163 Poppenhausen, www.bergsportschule-rhoen.de
- ÖPNV: Bus 30, 32, Haltestelle Steinwand Kreuzung

Der poetische Waldweg

65 Wandern am Trettstein-Wasserfall

Tief im Süden, wo Rhön und Spessart aufeinandertreffen, wird es poetisch. An der Landstraße zwischen den unterfränkischen Orten Dittlofsroda und Gräfendorf weist ein kleines, leicht zu übersehendes braunes Schild auf den Trettstein-Wasserfall hin. Ein Naturdenkmal der beschaulichen Art, denn hier stürzen keine tosenden Wassermassen dramatisch in die Tiefe, vielmehr plätschert der kleine Eidenbach durch eine klammartige Kalksteinschlucht und rinnt dabei über Felsstufen, bevor er wenig später in den Waizenbach und dann bei Gräfendorf in die Fränkische Saale mündet.

Wildromantisch ist das aber schon. Das empfand wohl auch Stephan Schulze so. Der Betreiber des Baumhaushotels Seemühle hing 2020 an einem 1,5 Kilometer langen Teilstück des Rhön-Rundwegs Holztafeln mit Gedichten auf – 16 Stationen zum Innehalten, die das Herz des Wanderers erfreuen können. Unter Laub- und Nadelbäumen liest man ergriffen Zeilen wie diese, während der Trettstein-Wasserfall vernehmlich durch die Felsen rauscht: „Der Wind singt sein Schlaflied mit träumendem Rauschen, die Blätter umschmeichelt er weich. Ich laß mich verführen, dem Liede zu lauschen, und fühl mich den Gräsern gleich“, dichtete die jüdische Lyrikerin Selma Meerbaum-Eisinger, die 1942 18-jährig in einem Arbeitslager in der Ukraine starb.

Der poetische Wanderweg, der auf der Grenze zum Naturpark Spessart mit einem Fuchslogo gekennzeichnet ist, schlängelt sich teils mit Geländern versehen über Treppenstufen und Stege weiter am Bachlauf entlang und sorgt für viele Stopps. Alle Gedichte haben einen Bezug zum Wald – mal sind sie melancholisch, dann wieder heiter, wie das nächste von Erich Kästner: „Die Seele wird vom Pflastertreten krumm. Mit Bäumen kann man wie mit Brüdern reden und tauscht bei ihnen seine Seele um. Die Wälder schweigen. Doch sie sind nicht stumm. Und wer auch kommen mag, sie trösten jeden.“ So geschrieben 1936, in einer Zeit, in der sicherlich auch viele Menschen die heilende Wirkung der Natur suchten.

● Rhön-Rundweg 10 Wartmannsroth (führt am Trettstein-Wasserfall vorbei), Start: Dorfplatz, 97797 Dittlofsroda, www.rhoenfuehrer.de

Highlight mit Biergarten

66

Per Rad zum Berggasthof Thüringer Hütte

Mit dem Fahrrad zur Thüringer Hütte zu fahren, ist eine Herausforderung – aber eine schöne. In Urspringen, einem Stadtteil von Ostheim vor der Rhön, tritt man bei 400 Meter über NN in die Pedale, um 5 Kilometer später in 720 Meter Höhe vom Sattel zu steigen und im Biergarten des Berggasthofs unter einem der Sonnenschirme Platz zu nehmen. Für E-Bike-Fahrer keine große Sache, alle anderen brauchen eine gute Kondition. Von der Hochrhön aus schaut man dann ins „Land der offenen Fernen", das Grabfeld, die Haßberge und den Thüringer Wald, welcher der Hütte ihren Namen gab. Weiter unten steht das Schweinfurter Haus, an dem man eben noch im Schweiße seines Angesichts vorbeigestrampelt ist.

Gut, dass es solche Glücksorte in der Rhön gibt. Sechs größere Berghäuser und 30 Hütten, die zur Rast einladen, nennt der Rhönclub sein Eigen, aber es gibt noch viel mehr. Ursprünglich sind sie oft als schlichte Holzbauten zur Übernachtung für Viehhirten und Bauern in die Gipfellagen der Landschaft gestellt worden. So auch die Thüringer Hütte, die heutzutage als gemütlicher Berggasthof mit guter Küche ihre Gäste mit fränkischen Leckereien verwöhnt, zu denen Rinderrouladen oder Rostbratwürste zählen. Oder man entscheidet sich für selbst gebackenen Kuchen: Wer „Rhöner Luft" bestellt, bekommt eine köstliche Stachelbeer-Baiser-Torte mit Sahne und Mandelsplitter auf den Teller.

TIPP

E-Bikes bei E-Bike-Verleih Wasserkuppe (Wasserkuppe 46, 36129 Gersfeld, www.ebike-rhoen.de).

Nach einer solchen Stärkung kann das Rad wieder bestiegen werden, denn die Thüringer Hütte ist zwar ein Highlight, aber es geht durchaus noch höher hinauf. Über ein schmales Sträßchen erreicht man die baumlosen Hochebenen der Langen Rhön und schließlich die Hochrhönstraße, von der sich ein grandioser Panoramablick bietet. Autos dürfen hier nur sehr eingeschränkt parken, aber gegen einen Radstopp hat niemand was. Ein paarmal noch treten, dann ist es geschafft, und man kann die elektrische Unterstützung abschalten und das Bike über die Serpentinen bis runter nach Bischofsheim einfach nur noch rollen lassen.

- Berggasthof Thüringer Hütte, 97647 Thüringer Hütte/Ostheim vor der Rhön, Tel. (0 97 79) 5 62, www.thueringer-huette.com
- ÖPNV: Kreuzbergbus zur Thüringer Hütte, Anruf bei Bedarf Tel. (0 97 71) 9 17 80 94

Gute Nacht unter Sternen

67 Fensterblick im Feriendorf Wasserkuppe

Die Rhön kann einige Rekorde aufweisen: Frankenheim in Thüringen, Höhenluftkurort auf knapp 800 Metern über NN, ist das höchstgelegene Dorf der Rhön. Friesenhausen dürfte eines der ältesten Rhöndörfer sein: Vor rund 1200 Jahren wurde der Ortsteil von Dipperz erstmals urkundlich erwähnt. Die garantiert jüngste und modernste Siedlung der Rhön ist das Feriendorf Wasserkuppe. Ein Hüttendorf aus 14 Holzhäusern entstand 2020 auf der Wasserkuppe, rund 100 Touristen können dort wohnen.

Dörfliches Leben funktioniert hier auf Zeit. Man ist den Nachbarn nahe, grüßt von Terrasse zu Terrasse, kann den Kindern beim Spielen zusehen, tagsüber im Pool entspannen und abends gemeinsam grillen. Der Investor, dem auch die Wasserkuppen-Hotels Peterchens Mondfahrt und Deutscher Flieger gehören, wollte ein Unterkunftsangebot im Biosphärenreservat ganz im Sinne des sanften, naturnahen und nachhaltigen Tourismus schaffen. Deshalb war ihm wichtig, dass sich das Hüttendorf gut in die Landschaft einfügt und umweltverträglich ist – mit Blockheizkraftwerk, Photovoltaikanlage und heimischem Holz.

Es sind Details, die die Feriendorfbewohner glücklich machen können, denn die Häuser sind nicht alle gleich. Es gibt das Gruppenhaus für bis zu zwölf Personen, zweckmäßig, aber wertig eingerichtete Premiumhäuser, Deluxehäuser mit Privatsauna und eigenem Außenwhirlpool und – für viele das Highlight – das Sternenparkhaus mit dem großen automatischen Dachfenster, das vom Bett aus freien Blick in den Rhöner Nachthimmel ermöglicht, „als besondere Empfehlung für Nachtschwärmer, Sterngucker, Sternschnuppensucher und Astrofreunde", wie der Vermieter wirbt.

Tagsüber wird das Bergurlaubsfeeling verstärkt durch den Blick auf den Flugplatz, wo Motor- und Segelflugzeuge starten und landen. Ein historischer Ort, den die Fliegerschule Wasserkuppe, Deutschlands älteste Segelflugschule, nutzt. Interessanter für Familien, die Schnee lieben: Im Winter sind die Ski- und Rodelpisten vor der Haustür fußläufig zu erreichen.

● Feriendorf Wasserkuppe, Wasserkuppe 46, 36129 Gersfeld, Tel. (0 66 54) 9 17 58 20
www.feriendorf-wasserkuppe.de
● ÖPNV: Bus 35, 37, Haltestelle Wasserkuppe

Grünes Glück

68 Waldbaden mit Tanja auf dem Wurmberg

Schweißtreibend ist der Anstieg auf den Wurmberg. Am Waldrand stoppt die zehnköpfige Gruppe, die an diesem Sommernachmittag vom Hotel Sonnentau aus aufgebrochen ist. Über das im Tal liegende Städtchen Fladungen hinweg fällt der Blick zurück auf die Gangolfskapelle gegenüber am Berg. Vor uns stehen Schatten spendende Laubbäume, deren grüne Blätter das diffuse Sonnenlicht filtern. „Ab jetzt heißt es: runterschalten!", sagt Tanja, unsere Waldbademeisterin. Also Handys aus, möglichst wenig reden, langsam bewegen, die Umgebung mit allen Sinnen wahrnehmen.

Waldbaden ist ein relativ neuer Begriff für ein altes Phänomen, erklärt Tanja den Sinn dieses Ausflugs. Es war die Ordensfrau Hildegard von Bingen, die vor über 900 Jahren empfahl: „Geh ins Grün des Waldes, und du wirst Heilung erfahren, allein indem du dort bist und atmest." In den 1980er-Jahren bewiesen japanische Forscher, dass der Wald tatsächlich heilende Kräfte hat. Sie fanden heraus, dass das Immunsystem gestärkt und der Blutdruck reguliert wird, Atemprobleme gelindert und Stresshormone reduziert werden.

Das wollen wir ausprobieren. Der Rhöner Wald bietet beste Voraussetzungen. Im Kreis stehen wir unter himmelhohen Eichen und Buchen und schließen die Augen. Tiefes Ein- und Ausatmen macht ruhig, stärkt die Selbstwahrnehmung. Was hört man, wenn die Augen zu sind? Welche Geräusche kommen aus dem Wald oder von weiter her? Ich fühle vorsichtig, was mir in die Hand gelegt wird: ein trockenes knisterndes Eichenblatt, eine stachelige Buchecker, ein biegsamer Zweig. Dann folgt der Klassiker: Bäume umarmen. Die glatte Rinde der Buche kühlt meine Haut, ihr Stamm verbindet mich mit der Erde und den Wolken. Ich spüre: Dieser Baum wird mich überleben. Durch kleine Papprähmchen bewundern wir die Details: ein Spinnennetz, eine Waldanemone. Dann die Vertrauensübung: Mit geschlossenen Augen, eine Hand auf der Schulter des Vorangehenden, Schritt für Schritt durchs Unterholz. Und tatsächlich: Das entspannt fast so wie die Badewanne!

● Wohlfühlhotel Sonnentau, Wellnessexpertin Tanja Kümmeth, Wurmbergstraße 1–3, 97650 Fladungen, Tel. (0 97 78) 9 12 20, www.sonnentau.com
● ÖPNV: Bus 8007, Haltestelle Fladungen-Wurmberg

Rares Gewächs

69

Die Rhöndistel im Biosphärenreservat

Ferienhäuser in der Region sind nach ihr benannt, Gaststätten tragen ihren Namen, auf Qualitätssiegeln der Gastronomie taucht sie auf, ja sie schmückt sogar das Etikett einer Ginflasche: die Rhöndistel. Die stachelige Pflanze ist so etwas wie das florale Wahrzeichen der Rhön – quasi das Edelweiß der Mittelgebirgslandschaft.

Eigentlich heißt die silbrig weiß Blühende mit den dornigen Blättern Silberdistel – auch Wetterdistel oder Große Eberwurz, lateinischer Name: „Carlina acaulis" – Karlsblume. Ein Engel soll Kaiser Karl dem Großen im Traum die Silberdistel als Heilmittel gegen die Pest empfohlen haben, aber dies gehört in die Kategorie Legende. Weil die relativ seltene Pflanze schwerpunktmäßig in bestimmten Gebieten der Rhön vorkommt und die Bewohner sie ins Herz geschlossen haben, nennt man sie hierzulande eben Rhöndistel.

Ab August können Wanderer bei schönem Wetter die geöffneten großen Blüten der Rhöndistel auf den Borstgrasflächen der Langen Rhön finden, etwa unterhalb des Kreuzbergs oder auf Schafweiden in der Nähe des Rothsees. Bei schönem Wetter wohlgemerkt, denn sobald es feucht wird, verbirgt die Rhöndistel ihre silberweißen Strahlen. Es gibt übrigens auch die Golddistel, die ist etwas zierlicher und schimmert golden. Kühe und Schafe machen einen Bogen um die bodennahen und bis zu 40 Zentimeter hohen Stachelgewächse – zum Glück ist das so, denn sonst wäre die Rhöndistel noch seltener, als sie es ohnehin schon ist. Attraktiv ist die Rhöndistel für Insekten, weniger für Bauern. Die betrachteten in der Vergangenheit die dornigen Pflanzen auf ihren Weiden eher als störendes Unkraut.

Im UNESCO-Biosphärenreservat Rhön gehören die Distelarten zu den gefährdeten Pflanzen. Der Appell: Auf keinen Fall pflücken, die Pflanze steht unter Naturschutz. Mit der Aktion „Disteln gesucht!" wollen sich die Naturschützer einen Überblick über den Bestand verschaffen und bitten dazu Spaziergänger um Einsendung von Fotos und Fundorten. Eine schöne Mitmachaktion auch für Touristen.

TIPP

Fundorte von Rhöndisteln melden unter artmeldungen@reg-ufr.bayern.de oder Tel. (09 31) 3 80 16 73.

● Biosphärenzentrum Rhön, Haus der Langen Rhön, Unterelsbacher Straße 4, 97656 Oberelsbach, Tel. (0 97 74) 91 02 60, www.biosphaerenreservat-rhoen.de ● ÖPNV: Bus 815, 8181, 821, Haltestelle Oberelsbach Marktplatz

Sommerfrische

70 Die Heilquellen von Bad Brückenau

Das Glück in Bad Brückenau ist flüssig. Wasser aus fünf Heilquellen beschert dem bayerischen Staatsbad seinen Ruhm, seit vor 250 Jahren die gesundheitsfördernden Kräfte der natürlichen Mineralbrunnen in der südlichen Rhön entdeckt wurden. Einige Jahre später reiste Bayernkönig Ludwig I. regelmäßig in seinen Lieblingsbadeort, um es sich an Körper und Geist wohlergehen zu lassen. In der Sommerfrische ergötzte er sich nicht nur an Trink- und Badekuren, sondern genoss auch die Gesellschaft einer gewissen Lola Montez, einer skandalumwitterten irischen Tänzerin, die Zigarre rauchend mit ihrer Dogge durch München zog und zur Geliebten des Potentaten wurde.
Was von der Affäre mit dem König blieb, gab einer der Quellen ihren Namen: Das salzarme Wasser der Lola-Montez-Quelle zapfen sich noch heute Kurgäste in Bad Brückenau ins Glas und hoffen auf magen- und darmfreundliche Wirkung. Aber auch die anderen vier Quellwässer versprechen Anwendungserfolge: Vitalquelle, Sinnberger, Wernarzer und König-Ludwig-Quelle fließen in der modernen Heilquellenlounge in der Wandelhalle, wo ihr Herkommen aus tief liegenden Gesteinsschichten in einer spektakulären Installation inszeniert wird. An fünf Heilwassersäulen können Gästekartenbesitzer in Selbstbedienung ihr Glas unter die Zapfstellen halten und alles nach Herzenslust durchprobieren. Was nicht getrunken wird, versickert im Kies oder speist die Thermalschwimmbecken in der benachbarten Spa-Landschaft.
Wasser ist im Staatsbad übrigens im Überfluss vorhanden, sodass keinesfalls zu befürchten ist, was Scherzbolde unterstellen – nämlich, dass erst in der Flüssigkeit gebadet wird, die dann später zur Trinkkur angeboten wird. Auch die Flaschen, die abends neben dem Frankenwein auf den Restauranttischen stehen, enthalten nur beste Mineralwasserqualität. Mit der Heilquellenkarte kann man auch eigene Behälter an der Außenzapfstelle im Schlosspark befüllen, bis zu 12 Liter täglich sind erlaubt, die man als flüssiges Glück mit nach Hause nehmen darf.

- Heilquellen, Staatliche Kurverwaltung, Heinrich-von-Bibra-Straße 25, 97769 Bad Brückenau, Tel. (0 97 41) 80 20, www.staatsbad.de
- ÖPNV: Bus 8054, Expressbus 8113 von Fulda nach Bad Brückenau, Haltestelle Staatsbad Schlosspark

BRÖCKELSCHIEFER-FOLGE

Der mit den Tieren spricht

71 Franziskusweg an der Thüringer Hütte

Als Franziskus seinen Sonnengesang schrieb, war er schon fast blind. Der italienische Ordensgründer dichtete das Loblied auf Schwester Sonne, Bruder Mond und Mutter Erde im Jahr 1224/25. In zehn Strophen dankt er Gott für die Schöpfung – und auch den Tod nennt er in dem Gebet seinen Bruder. Der Heilige aus Assisi, der seine Anhänger zur Armut verpflichtete und der der Legende nach mit Tieren sprechen konnte, gab Anlass für einen lohnenden Besinnungsweg. In der Nähe der Thüringer Hütte startet die Wanderung.

Über 5 Kilometer zieht sich der Franziskusweg durch Wälder und Wiesen, wobei der Wanderer immer wieder Stationen erreicht, die sich mit Aspekten des Sonnengesangs auseinandersetzen. Zusätzlich zu zehn Kunststationen haben die Initiatoren des Wegs, ein Ehepaar aus Bad Neustadt, einen „Lebensweg" mit sieben Lesestationen eingeflochten. Man sollte mehr als eine Stunde für diese Wanderung einkalkulieren, um all die Anregungen am Weg mitzunehmen: Skulpturen, Texte, Meditatives und natürlich die herrliche Natur lassen es unterwegs nicht langweilig werden.

Start- und Zielpunkt des Weges ist die Franziskuskapelle, ein offener Andachtsraum. Von hier aus führt der mit dem franziskanischen Erkennungszeichen „T" gekennzeichnete Rundweg zu den einzelnen Stationen. Es sind besonders die Skulpturen, geschaffen von Schülern der Rhöner Holzbildhauerschule in Bischofsheim, die starke Eindrücke hinterlassen – etwa die Stelen, die als überdimensionale DNS-Bausteine zwischen den Baumstämmen im Wald stehen – als Sinnbild für das Leben, für die Mutter Erde. Das Werk des Künstlers warnt davor, in den Schöpfungsakt Gottes einzugreifen.

Eine andere Wegmarke ist die Brücke über einen Bach: Hier steht ein Holzgeländer für die Verbindung von Menschen: Reich mir deine Hand lautet die geschnitzte Botschaft – ganz im Sinne des friedliebenden Franziskus. Über den Franziskusweg kann man sich auch von einer App begleiten lassen – einfach vor Ort den QR-Code einscannen, um die Audiodateien abzuspielen.

- Franziskusweg, 97647 Thüringer Hütte, www.franziskusweg.de
- ÖPNV: Kreuzbergbus zur Thüringer Hütte, Anruf bei Bedarf Tel. (0 97 71) 9 17 80 94

Steinalte Vulkane

72 Basaltprismen am Naturlehrpfad Gangolfsberg

Es ist ja immer schön, etwas dazuzulernen. Im Naturwaldreservat am Gangolfsberg, der zur Kernzone des Biosphärenreservats Rhön gehört, kann man das sozusagen im Vorbeigehen tun. Am Parkplatz oberhalb des Schweinfurter Hauses beginnt ein Waldlehrpfad. Auf Informationstafeln werden die einzelnen Baumarten rechts und links des Weges vorgestellt: Wo wächst zum Beispiel ein Bergahorn? Wie sieht er aus? Wie alt wird der Baum? Welche Eigenschaften hat sein Holz?
10 Minuten später führt der Waldweg zu einer Treppe, deren unregelmäßige steinerne Stufen nicht ganz einfach zu erklimmen sind. Oben angekommen sieht der Wanderer sich mit der berühmten Basaltprismenwand konfrontiert. Es ist zum Staunen, wie die Natur es hinbekommen hat, sechseckige Basaltsäulen, die aussehen, als wären sie vom Steinmetz behauen, horizontal fein säuberlich aufeinanderzustapeln, sodass eine ganze Wand entstanden ist.
Die Lehrstunde in Sachen Geologie beginnt: Vor 20 Millionen Jahren, erläutert eine Schautafel, entstanden in der Rhön feuerspuckende Vulkane, die Material aus dem Erdinneren nach oben schleuderten. Basaltgestein, das in den Förderröhren stecken blieb, kühlte ab, erstarrte, riss und nahm dabei polygone Formen an. Und weil die Landmassen sich hoben, gerieten die Basaltsäulen in Schräglage – und sehen heute eben aus wie ein riesiger Feuerholzstapel. Lektion gelernt!

Weitgereiste kennen dieses Phänomen auch aus anderen Ländern. Touristen pilgern beispielsweise zu Giant's Causeway nach Irland oder bewundern die Basaltsäulen des Wasserfalls Svartifoss auf Island. In der Rhön ist die Basaltprismenwand am Gangolfsberg dagegen eher eine Sache für Entdeckernaturen geblieben, der Zustrom interessierter Wanderer hält sich in Grenzen. Das gilt übrigens auch für die anderen vulkanischen Highlights der Rhön: Blockmeere aus am Boden liegenden Basaltbrocken finden sich am Bauersberg bei Bischofsheim, am Schafstein bei Wüstensachsen oder am Lösershag bei Wildflecken-Oberbach.

TIPP
Per Zeitmaschine erleben Kinder im Haus der Langen Rhön die Vulkanentstehung (www.nbr-rhoen.de).

- Basaltprismenwand am Naturlehrpfad Gangolfsberg, 97656 Schweinfurter Haus, Tel. (0 97 74) 5 90, www.schweinfurterhaus.de
- ÖPNV: Bus 810, Haltestelle Gangolfsberg/Schweinfurter Haus Oberelsbach

Herz aus Stein

73 Die Stadtmauer in Bad Neustadt/Saale

Prominente Namen verbinden sich mit Bad Neustadt, der Kreisstadt des unterfränkischen Landkreises Rhön-Grabfeld. Um sie zu entdecken, muss man allerdings teilweise etwas tiefer in die Geschichte eintauchen. Fangen wir im Heute an, treffen wir auf die Familie des Freiherrn von und zu Guttenberg, die ihren Wohnsitz auf der Salzburg hat, die seit 700 Jahren hoch über der Stadt thront. Martin Luthers Mutter Margarethe stammte aus der Gegend. Und Karl der Große, König des Frankenreichs und im Jahr 800 zum Kaiser gekrönt, war mindestens zehnmal in seiner Pfalz Salz, der Vorläuferin von Bad Neustadt.

Von Letzterem wird eine romantische Geschichte überliefert: Als er auf der Anhöhe der Salzburg stand und ins Tal blickte, soll Karl zu seiner vierten Ehefrau Fastrada, übrigens Gründerin des Klosters Münsterschwarzach, gesagt haben: „Als Zeichen unserer Liebe will ich dort unten eine Stadt in Herzform errichten." Gesagt, getan. Die danach gebaute mittelalterliche Stadtmauer aus Stein, auf der man heute noch bei einem Spaziergang die Altstadt umrunden kann, hat die Form eines Herzens, wie Luftaufnahmen belegen. Kleiner Schönheitsfehler dieser Story: Als Liebessymbol wurde das Herz erst Jahrhunderte später gebräuchlich. Und erstmals erwähnt wurde Neustadt als „nova civitas" in einer Urkunde des Bischofs von Würzburg aus dem Jahre 1232. Was soll's! 1,5 Kilometer ist der Weg lang, der über die fast vollständig erhaltene alte Festungsanlage vorbei am Hohntor, dem Wahrzeichen von Bad Neustadt, dem Alten Amtshaus und der ehemaligen Synagoge führt.

Um ins Kurviertel zu kommen, muss man auf das gegenüberliegende Saaleufer wechseln, wo Kurpark und Kliniken zu finden sind. Wie in den vielen anderen Heilbädern der Rhön sorgten auch in Bad Neustadt salzhaltige Mineralquellen für den Status des Kur- und Gesundheitsorts. So kommt es, dass Bad Neustadt in einem Atemzug mit Bad Kissingen, Bad Bocklet, Bad Brückenau, Bad Königshofen, Bad Salzschlirf und Bad Salzungen genannt wird.

● Rundweg über die Stadtmauer, Start: Hohntor, Hohnstraße 36, 97616 Bad Neustadt a. d. Saale, www.bad-neustadt-erleben.de
● ÖPNV: RE 7, Bus 810, Bahnhof Bad Neustadt (Saale)

Nobeladresse

74 Erholung im Bad Brückenauer Dorint-Hotel

Mittendrin zu sein hat große Vorteile. Das gilt auch für einen Hotelaufenthalt im Schlosspark des Staatsbads Bad Brückenau. Das zentral gelegene Dorint Resort & Spa fügt sich mit seiner Fassade makellos in die Kette der noblen historischen Bauten ein. Man tritt vor die Tür und atmet Parkluft. Neben den 36 Zimmern und Suiten im Haupthaus stehen noch 80 Zimmer im modernen Anbau zur Wahl. Dieser Flügel ist dezent von der Mittelachse des Parks abgerückt, weitere Gebäude beherbergen die Wellnesslandschaft des Hotels.

Hier wird auf 2800 Quadratmetern einiges geboten: Innen- und Außenpool, verschiedene Saunen, Rhönstollen, Health-Club, Dampf- und Kräuterbad nutzen viele Gäste gern. Dazu kommt Vital-Sport im Fitnesscenter. Auch Privatanwendungen in separaten Bädersuiten unter dem Motto „Auszeit für zwei" oder „Freundinnen-Zeit" können gebucht werden. Bereits die Zimmerdusche mit den großformatigen Rhönbildwänden hinter Glas stimmt auf naturnahe Aktivität ein und macht den Hotelaufenthalt zum Wellnesserlebnis. „Ab Freitagabend switchen wir um zur Wellnesslocation", lächelt Dorint-Verlaufsleiter Matthias Grief. In Bad Brückenau ist der Mitarbeiter mit zuständig für das wöchentliche Yogaangebot auf der Hotelwiese. „Ich bin ausgebildeter Yogalehrer. Neben dem Wandern ist Yoga meine Art, Körper, Geist und Seele in Einklang zu bringen", sagt Grief und lädt jeden Hotelgast ein: „Yoga kann jeder! Du musst den rechten Fuß nicht hinter das linke Ohr klemmen können." In seiner Freizeit engagiert sich der junge Mann als Rhönbotschafter. Was das bedeutet? „Wandern, staunen, genießen", erklärt Matthias Grief, der zusammen mit einem Bad Brückenauer Freund naturinteressierten Besuchern seine Heimat näherbringen will. Dazu starten die Rhönbotschafter nach Feierabend in kleinen Gruppen zu Touren in die Umgebung, bei denen auch mal Kulinarisches entdeckt wird. Abends in der Hotelbar haben die Teilnehmer dann einiges darüber zu erzählen, wie es ist, sich als „Rhöner auf Zeit" zu fühlen.

TIPP

Kontakt zu den Rhönbotschaftern aufnehmen (www.rhoenbotschafter.de).

● Dorint Resort & Spa, Heinrich-von Bibra-Straße 13, 97769 Bad Brückenau, Tel. (0 97 41) 8 50, www.dorint.com

Kulinarisches Vorspiel

75 Das Sternenmenü im Hotel Sonnentau

Jedes Jahr im August kreuzt die Erde auf ihrer Bahn den Meteoritenstrom der Perseiden. In der Rhön lässt sich während der Sternenparkwochen dieser Höhepunkt erleben: Am wolkenfreien Nachthimmel fallen unzählige Sternschnuppen vom Himmel. Das trifft auch auf andere Regionen zu, aber durch die Vermeidung von Lichtverschmutzung sind die Nächte in der Rhön dunkler als anderswo, daher ist die Sicht nach oben besser. Die Sterne sind zum Greifen nah.

Quasi als kulinarisches Vorspiel zu dieser galaktischen Show bietet das Hotel Sonnentau in Fladungen ein Sternenmenü an. Wenn die Sonne noch scheint, nimmt man im Restaurant oder auf der Panoramaterrasse mit Blick auf die Berge Platz und harrt der Dinge, die da kommen. Die Küche verspricht: nur saisonale Produkte von heimischen Lieferanten!

Und schon werden die Suppenteller aufgetragen: Vorspeise „Sternenbild Sonnentau". Botaniker wissen, dass Sonnentau zur Gattung der fleischfressenden Pflanzen gehört. Das spielt hier aber keine Rolle, vielmehr geht es auf dem Teller um die Farbgebung der Pflanze: Die Blumenkohlcremesuppe mit rotem Räucherforellen-Mousse ahmt das Grüngelb-Rote des Sonnentaus nach. Eine tolle Geschmackskombi – und auch was fürs Auge. Dem Sternbild der Zwillinge ist der Hauptgang gewidmet: Geschwenkte Tagliatelle mit frischen Pfifferlingen und Gemüse – wahlweise mit einem Duett von Wild aus dem heimischen Revier oder aber mit gebackenem Schafskäse. Am Himmel wird das Sternbild durch die auffällig hellen Sterne Castor und Pollux markiert, auf dem Teller stechen Fleisch und Käse aus den Nudelkosmos hervor. Das Dessert „Milchstraße" schließlich knüpft daran an, dass diese Galaxie am Rhöner Nachthimmel tatsächlich sichtbar ist. Im Glas begegnen sich Joghurtmousse, Zwetschgenröster und Hafercrunchy – ein köstlicher Nachtisch.

Inzwischen dunkelt es. Wenn das Glas Frankenwein geleert ist, schlendert man auf die Anhöhe oberhalb vom Hotel und schaut in den unendlichen Sternenhimmel. War da nicht gerade eine Sternschnuppe?

TIPP
Die Rhöner Sternenparkwochen erleben (www.sternenparkrhoen.de).

● Wohlfühlhotel Sonnentau, Wurmbergstraße 1–3, 97650 Fladungen, Tel. (0 97 78) 9 12 20, www.sonnentau.com
● ÖPNV: Bus 8007, Haltestelle Fladungen-Wurmberg

Beliebtes Malermotiv

76 Der Wachtküppel: „Lausbub der Rhön"

Es gibt Orte, die sind zum Malen schön. Der Wachtküppel gehört dazu, zumindest aus Sicht vieler Rhönmaler, die den zwischen Poppenhausen und Gersfeld gelegenen Berg in Öl oder Aquarell auf die Leinwand brachten. Man kann darüber rätseln, warum der Hügel zum beliebten Malermotiv wurde. Jedenfalls kommt es nicht auf die Größe an: Der Wachtküppel ist mit 705 Metern nicht besonders hoch. Charakteristisch für seine Optik aber ist die felsige Spitze, die seit 1951 von einem Gipfelkreuz gekrönt wird.

Ist es dieser Rest eines vorwitzigen Vulkanschlots, der ihm den Spitznamen „Lausbub der Rhön" einbrachte? Vielleicht rührt der Ursprung des Beinamens auch von einem anderen Phänomen her: Das Besondere am Wachtküppel ist seine Magneteisensteinfüllung, die Kompassnadeln verwirrt. Wanderer und Ballonfahrer verlieren in der Nähe des Wachtküppels oft die Orientierung, da der Kompass nicht das anzeigt, was er anzeigen sollte – nämlich die korrekte Himmelsrichtung. Der Lausbub spielt eben gern Streiche.

Weiter unten am Berg hingegen geht es ernster zu und man wusste schon immer, wo es langgeht. Dort steht nämlich die St.-Wendelinus-Kapelle, die Suchenden den Weg weisen will. „Ich hebe meine Augen auf zu den Bergen, von denen mir das Heil kommt", hieß es mit Verweis auf ein Bibelwort von bischöflicher Seite, als der Bau einer neuen Bergkapelle begann, die 1964 eingeweiht wurde. Die mit schönen Rhöner Holzschindeln verkleidete Fassade passt gut in die Landschaft.

Noch etwas darf an diesem Glücksort nicht fehlen: eine zünftige Jausenstation für die Rast nach der Bergtour. Seit über 100 Jahren ist der Waldgasthof Wachtküppel eine erste Adresse für Wanderer. Man sitzt im Sommer unkompliziert im Garten vor dem Lokal, zu dem auch Tagungshaus und Pension gehören, und lässt sich zu einem kühlen Bier aus dem Fass Kleinigkeiten wie das leckere Knusper-Schmalz-Vollkornbrot schmecken. Pommes oder Jägerschnitzel stehen nicht auf der Karte, dafür viele vegetarische Spezialitäten aus biologischem Anbau.

- Wachtküppel mit St.-Wendelinus-Kapelle, Wachtküppel 107, 36129 Gersfeld
- Waldgasthof Wachtküppel, Steinbruch 1, 36129 Gersfeld, Tel. (0 66 54) 3 23 www.wachtkueppel.de
- ÖPNV: RB 52, Bahnhof Gersfeld, weiter mit dem Taxi

Eis „ohne Quatsch“

77

Die Eisheiligen produzieren Rhöner Bioeis

Es soll Frankfurter geben, die zum Eisessen ins 100 Kilometer entfernte Hettenhausen in die Rhön fahren. Denn in der Eisdiele des 1000-Seelen-Dorfs bieten die Eisheiligen ihr gefrorenes Produkt an, das zu 100 Prozent aus natürlichen Zutaten und nach traditioneller handwerklicher Art hergestellt wird – oder „ohne Quatsch“, wie der Werbeslogan lautet. Ihren Stammsitz hat die junge Firma im historischen Schulgebäude. Das Haus beherbergte im Laufe von 200 Jahren schon eine Weinstube, einen Friseurladen, die Gaststätte Funzel und nun eben die Eisheiligen. An der Theke kann man das „kleine Glück“ ordern, das mittlere, das große oder das extreme Glück. Bei Letzterem bekommt man bis zu fünf Spachtelportionen in den Becher – neben den Klassikern sind dies unkonventionelle Sorten wie Pfeffer, gesalzene Pistazie, Milchkaffee und Heu. Wie das schmeckt? „Ungefähr so, wie Heu riecht“, sagt die freundliche Eisverkäuferin und reicht ein Löffelchen zum Probieren rüber. Stimmt!

Als der Rhöner Michél Günther sein Hobby zum Beruf machte und im Jahr 2017 die Eisheiligen gründete, verfolgte er von Anfang an den Anspruch von Regionalität, Nachhaltigkeit und Qualität. Ein Premium-Eis ohne künstliche Zusatzstoffe oder anderen Humbug wollte Günther machen, für alle, die dem Alltag bei einem leckeren Eis für ein paar schöne Minuten entfliehen und mit gutem Gewissen genießen wollen. Umweltschonende, weil kompostierbare Verpackungen gehören dazu. Die Früchte für das Eis kommen meist von Rhöner Bauernhöfen. Dass viele industrielle Eismacher mehr Luft als Eis verkaufen, ärgert den Marketingexperten. In seinen Sorten liegt der aufgeschäumte Luftanteil bei nur 12 Prozent. Becher mit der Eisheiligen-Banderole werden auch in Supermärkten verkauft. Glanz, Farbe und Schmelz müssen stimmen – neue Varianten mit fair gehandelten Zutaten entwickelt er auch mit der Hochschule Fulda. Begegnen kann man den Eisheiligen in der Produktion in Ebersburg und beim Verkaufen in der Eisdiele in Hettenhausen.

- Die Eisheiligen, Hauptstraße 51, 36129 Gersfeld-Hettenhausen, Tel. (0 66 56) 9 11 97 22, www.eisheiligen.de
- ÖPNV: RB 52, Bahnhof Hettenhausen (rund 5 Minuten Fußweg)

Der Schrei des Rotmilans

78

Lothar Mai Haus: Berghotel in toller Lage

Der Rotmilan gilt als Charaktervogel der Rhön. Rund ein Prozent der Weltpopulation ist hier zu Hause, seine Art wird im Biosphärenreservat besonders geschützt. Wenn der große, rötlich gefiederte Greif seine Schwingen ausbreitet und majestätisch über Äcker und Wiesen segelt, ist er ganz in seinem Element. Von daher passt es, dass sich das stilisierte Konterfei des Milans im Logo des Lothar Mai Hauses wiederfindet. Das Berghotel bei Hofbieber-Steens steht in einzigartiger Alleinlage auf knapp 700 Höhenmetern. Ein bisschen können sich die Gäste hier wie der Milan fühlen, der dem Himmel nahe ist und auf die Welt tief unten herabblickt.

Trotz der unmittelbaren Nähe zur Natur fehlt es im Vier-Sterne-Haus an nichts: Man übernachtet in kommoden Zimmern, genießt die Rhöner Kulinarik und ist zu allen Jahreszeiten aktiv in der Umgebung unterwegs – zu Fuß, mit dem Mountainbike, mit Langlaufskiern oder auf dem Rücken von Pferden. Gäste, die nach einem knackig kalten Winterausflug an den warmen Kamin zurückkehren, dürfen sich auf Schwimmbad und Sauna freuen. Oder sie lassen sich in der urigen Gaststube ein Rhön-Ploatz servieren – das ist ein hessischer Blechkuchen mit Speck, Zwiebeln und Schnittlauch oder mit Gemüse der Saison. Einfach lecker!

TIPP

Auf einer geführten E-Bike-Tour über die Milseburg Richtung Enzian-Hütte radeln.

Aber nach wem ist das Lothar Mai Haus nun eigentlich benannt? Der Name geht auf den sozial engagierten Leiter des Bundesbahn-Ausbesserungswerks Fulda zurück, der in den 1950er-Jahren Eisenbahnerfamilien Rhönurlaub ermöglichte. Dazu ließ er eine bescheidene Wanderhütte mit Übernachtungsmöglichkeit bauen. Später wurde daraus ein Jugendheim, 1999 kam ein Hotelanbau dazu. Neue Besitzer machten aus dem Lothar Mai Haus ein stimmiges Wellness- und Tagungshotel mit Biergarten, Spielplatz und Terrassencafé, das nach wie vor gut in die Landschaft passt. Und wer Glück hat und an einem schönen Nachmittag unter der Rhönsonne in den Chill-Lounges entspannt, hört ihn vielleicht, den Ruf des Rotmilans.

- Lothar Mai Haus, Lothar-Mai-Straße 1, 36145 Hofbieber-Steens, Tel. (0 66 57) 2 30 97 00, www.lothar-mai-haus.de
- ÖPNV: Bus 21, Haltestelle Elters Steens (rund 10 Minuten Fußweg bergauf)

Elvis was here

79

Als der King of Rock'n'Roll in der Rhön war

Es hilft nicht, die Augen davor zu verschließen: Bei der Suche nach Glücksorten in der Rhön stößt man auch auf Flächen, die nicht der Erholung und der Erbauung dienen. Der Truppenübungsplatz Wildflecken gehört dazu – ein über 7000 Hektar großes militärisches Übungsgelände bei Wildflecken. 1938 von der deutschen Wehrmacht eingerichtet, nutzte es nach dem Zweiten Weltkrieg die US-Armee, bevor die Bundeswehr das Areal übernahm und zum „Gefechtssimulationszentrum" machte. Klar, dass das Betreten dieser Zone Wanderern und Radfahrern streng verboten ist.

Und doch gibt es in diesem Umfeld ein Inselchen des Glücks. In unserem Fall nur 2 Quadratmeter groß und bunt bemalt – das Elvis-Bahnhäuschen bei Wildflecken am Rhönexpress Bahn-Radweg. Wer hier stoppt und auf einen grünen Knopf drückt, hört bald darauf die Stimme des King of Rock'n'Roll aus dem Lautsprecher: „Don't Be Cruel" singt Elvis Presley herzerweichend. Seine Botschaft: „Sei nicht grausam und melde dich bei mir, Baby. Du bist die Einzige, an die ich denke." Die Fans sitzen auf der Bank neben dem Häuschen, wippen rhythmisch mit den Beinen und sind hingerissen vom schmachtenden Elvis.

TIPP

In Wildflecken-Oberbach informiert das Haus der Schwarzen Berge über die Gegend.

Warum der US-Sänger in der Rhön singt, ist schnell erklärt. Für seinen Wehrdienst war Presley nämlich von 1958 bis 1960 in Hessen bei der 3. US-Panzerdivision in Friedberg stationiert. 1959 kam er für einige Tage als Fahrer zu einem Manöver in die US-Kaserne nach Wildflecken. Mehr als 4,5 Millionen US- und Nato-Soldaten besuchten den Truppenübungsplatz – und Elvis war einer von ihnen, informiert ein Schild am Bahnhäuschen.

Von Zeit zu Zeit erinnern Elvis-Imitatoren in Glitzerkostümen an diese Episode. Dann erklingen die größten Hits des King live und das Stellwerkhäuschen wird zum Wallfahrtsort für ein begeistertes Publikum: „Jailhouse Rock", „Blue Suede Shoes" und „Devil in Disguise" entführen in die 1950er- und 1960er-Jahre. An normalen Tagen aber reicht die Stimme aus dem Lautsprecher für Glücksgefühle.

- Stellwerkhäuschen „Evis was here" an der Kreuzung St 2289 und Bahn-Radweg
www.wildflecken.de
- ÖPNV: Bus 8057, Haltestelle Abzweig Auershof, Wildflecken

ELVIS WAS
HERE.
Mehr als 4,5 Mio. US- und NATO-
Soldaten besuchten im Laufe
der Jahre den Truppenübungs-
platz in Wildflecken.
Sogar Elvis Presley verbrachte
1959 einige Tage hier.

Erhabene Gefühle

80 Sommerresidenz Schloss Fasanerie in Eichenzell

Sommerresidenz – das klingt nach leichtem Leben, nach blühenden Parklandschaften, nach beschwingten Gartenfesten, nach gut gelaunten Menschen. Genau so etwas mag dem Erbauer von Schloss Fasanerie in Eichenzell vorgeschwebt haben: Der Fürstbischof von Fulda, Amand von Buseck, ließ Mitte des 18. Jahrhunderts das bescheidene Landschlösschen seines Vorgängers zu einer üppigen Sommerresidenz ausbauen. Dass man die Anlage vor den Toren Fuldas heute als „Hessens schönstes Barockschloss" bezeichnet, ist dem Hofbaumeister Andrea Gallasini zu verdanken, der Spuren seiner Architektenkunst in der gesamten Rhön und darüber hinaus hinterließ.

Bei einer geführten Besichtigungstour durch den weiträumigen Schlosskomplex, der heute der Hessischen Hausstiftung gehört, also der Organisation der Familie der früheren Landgrafen, Kurfürsten und Großherzöge von Hessen, kann man die ganze Pracht der Inneneinrichtung bewundern: wertvolle Möbelstücke, handgedruckte Tapeten. Auch Tischbein-Bilder mit Jagdszenen gehören dazu, denn die Fasanerie diente den fürstlichen Gesellschaften zu entsprechenden Ausflügen. 140 Zimmer hat das Lustschloss, in denen getafelt, musiziert und im ganz großen Stil gewohnt wurde. Bis heute übrigens finden öffentliche Veranstaltungen in dem historischen Ambiente der Säle, Pavillons und Höfe statt: Konzerte, Theater, Lesungen.

TIPP

Im Biergarten Postenhaus am Schloss Fasanerie kann man Kleinigkeiten essen.

Mit einem Gefühl von Erhabenheit tritt man nach der Führung wieder ins Freie, um nun den idyllischen Schlosspark zu erkunden, ein Kernstück der Sommerresidenz, das auch im Winter wunderschön anzusehen ist. Auf einer Fläche von 100 Hektar, umschlossen von einer hohen Mauer, stellt der Park so etwas wie eine kleine Ideallandschaft dar: Über Wege und Alleen geht es durch Wiesen, Beete vorbei an künstlich angelegten Seen und Skulpturen. Nicht verpassen: Zweimal im Jahr, im Frühling und im Herbst, findet im Park das Fürstliche Gartenfest statt – eine Verkaufsausstellung für alles, was Gartenfreunde und Liebhaber der ländlichen Lebensart erfreut.

- Schloss Fasanerie, 36124 Eichenzell, Tel. (06 61) 9 48 60, www.schloss-fasanerie.de www.gartenfest.de/fasanerie
- ÖPNV: Bus 6 ab ZOB Fulda, Haltstelle Schloss Fasanerie

Bibliografische Informationen der Deutschen Nationalbibliothek
Die Deutsche Nationalbibliothek verzeichnet diese Publikation in der Deutschen Nationalbibliografie; detaillierte bibliografische Daten sind im Internet über http://dnb.d-nb.de abrufbar.

Konzeption/Satz: Droste Verlag, Düsseldorf
Einbandgestaltung und Illustrationen: Britta Rungwerth, Düsseldorf, unter Verwendung von Bildern von © Fotolia.com: jd – photodesign.de; © iStock: Plociennik Robert
Fotos: Lothar Simmank, außer: Bionade GmbH: S. 119; Dietmar Denger/Die Brennerin: S. 99; Andreas von Einsiedel/Kulturstiftung des Hauses Hessen: S. 167; Die Eisheiligen: S. 161; Dorint GmbH: S. 155; Dieter Fender: S. 123; Feriendorf Wasserkuppe: S. 141; Feuerpfeil GmbH/Stadtarchiv Bad Kissingen: S. 15; Peter Hadamczik-Trapp/www.peters-pix-worx.de: S. 105; Axel Häsler/Tourismus und Stadtmarketing Bad Neustadt GmbH: S. 153; Philipp Kreil/Saaleschifffahrt GmbH Bad Kissingen: S. 107; LGS Fulda: S. 41; Arnulf Müller/Rhön GmbH: S. 19; Marc Niedermeier/Papillon Paragliding Wasserkuppe: S. 23; Volker Renner/Weinmanufaktur: S. 55; Rhön GmbH: S. 83, S. 97; Rhönmuseum Fladungen: S. 87; Rudolf Weinert/Kloster Wechterswinkel: S. 27; Weingut Müller, Hammelburg: S. 73

FSC www.fsc.org MIX Papier | Fördert gute Waldnutzung FSC® C011279

Druck und Bindung: LUC GmbH, Greven
ISBN 978-3-7700-2516-9

www.droste-verlag.de